우리 교회를 위한

아름다운 삶 시리즈

52주 구역 공과

기도하는 믿음생활

4

예수사랑

아름다운 삶 시리즈 교재의 특징

1. 성경을 관통하는 핵심 주제
   성경 말씀에 나타나는 다양한 주제들을 정리하여 심도 있게 설명한다.

2. 본문 중심의 깊이 있는 말씀
   짧지만 본문을 기본으로 깊이 있는 말씀을 조리 있게 해설한다.

3. 탄탄한 교리에 바탕을 둔 해설
   성경의 다양한 교리들을 정리하여 우리에게 꼭 필요한 핵심들을 전달한다.

4. 1년을 위한 구역 공부
   매월에 맞춰 편성함으로써 교회에서 1년간 사용할 수 있도록 했다.

5. 모두가 인도할 수 있는 쉬운 설명
   어느 누구나 인도자가 되어 구역 공부를 인도할 수 있도록 일상적인 용어를 사용한다.

6. 성경이 증거로 따르는 교재
   각 과의 부분마다 성경 본문을 제시하여 함께 읽으며 그 증거를 찾아볼 수 있게 한다.

7. 삶과 밀접한 적용
   다양한 적용들을 제시함으로써 성도들이 함께 생각하고 적용할 수 있도록 한다.

사용방법

1. 제시된 성경 구절을 찾아 읽는다.

2. 함께 찬양을 한 후 기도를 한다.

3. 인도자가 '마음 열기'를 읽고 지정된 담당자가 각 부분과 해당 성경 구절을 읽는다.

4. 느낀 점이 있는지 서로 간략하게 나눈다.

5. 인도자는 '생각 나누기'를 하나씩 질문하여 교훈과 실천해야 할 사항을 나누게 한다.

6. 인도자는 마지막으로 내용을 정리한 후 함께 기도하고 대표 기도로 마친다.

Contents

I

영혼을 사랑하는 구역

Date.

chapter 1

영혼에 대한 사랑

성경 | 마 3:1-3(p.3)

찬송 | 496(통 260), 250(통182)

마음 열기

교회 부흥은 영혼 사랑에서부터 시작됩니다. 토레이 목사님이 영국에서 활동하고 있었을 때의 일입니다.

어느 날 그는 한 레스토랑에서 맛있는 식사를 하고 있었습니다. 그런데 자신에게 음식을 서빙하고 있는 한 중년의 웨이터에게 전도를 하고 싶은 마음이 불타오르고 있었습니다.

그러나 토레이 목사님은 전도를 하지 못한 채 식사를 마치고 그 레스토랑 입구에서 그 웨이터가 나오기를 기다리고 있었습니다. 한참 지났는데 그 레스토랑 주인이 잠깐 식당 밖으로 나오자 토레이 목사님은 그 주인에게 "사장님, 저는 목사인데 저를 서빙한 중년의 웨이터를 만나 보고 싶습니다."라고 말했습니다.

그 레스토랑 사장은 목사님을 쳐다보고 침울하게 물었습니다.

"목사님, 왜 그러시죠?"

"예, 저는 그에게 예수 믿으라고 전도하고 싶습니다."

"목사님, 그는 이 세상 사람이 아닙니다. 아까 십 분 전에 탈의실에서 자

> 기 목숨을 끊었습니다. 목사님 이제 어쩌죠?"
> 토레이 목사님은 할 말을 잃었습니다.

전도는 이렇게 중요합니다. 하나님은 우리 모두가 전도하기를 원하고 계십니다. 우리는 머뭇거릴 수가 없습니다. 전도는 주님의 지상명령입니다. 이 전도는 바로 영혼 사랑에서 시작됩니다.

1. 예수님의 이름을 믿도록 전해야 합니다.

예수님의 이름은 생명을 주는 영혼 구원의 이름입니다. 세상에 많은 사람이 왔다 갔지만 그들은 다른 누구에게 아무것도 주지 못했습니다. 오직 예수님만이 인류에게 구원의 이름을 주셨습니다. 누구든지 주의 이름을 믿는 자는 구원을 얻으며 영생하는 천국에 들어가는 권세를 받습니다. 주 예수님은 생명의 이름입니다. 우리가 예수님을 영접하면 구원을 받습니다.

예수님은 이천 년 전 유대의 갈보리 언덕에서 십자가에 못 박혀 돌아가시므로 피를 흘려 우리 대신 제물이 되셨습니다. 십자가의 도는 우리에게 구원의 능력이 됩니다. 구슬이 서 말이라도 꿰어야 보배라는 말이 있듯이 이 도를 전하는 입술이 있어야 들을 수 있게 됩니다. 우리 성도는 천국의 문이 열렸을 때 이 진리를 전파해야 합니다.

말씀 읽기 요 3:16

2. 들을 때에 영혼 구원을 받습니다.

하나님의 역사는 항상 말씀과 더불어 시작되었습니다. 천지창조의 역사도 말씀으로 시작되었습니다. 사람의 영혼 구원 역시 말씀으로 이뤄지고 있습니다. 사람을 통해서 전도를 받을 때 믿음의 씨앗이 심령에 떨어져 구원에 이르게 됩니다. 우리가 주님을 사랑하며, 불신 영혼을 사랑한다면 부끄러움을 이기고 전도해야 합니다. 전도는 진정한 아가페의 사랑입니다. 우리의 입술이 둔하고, 말씀을 전하는 능력이 없다 하더라도 하나님은 우리를 사용하십니다. 성령님은 우리의 부족한 입술에 권능을 주시고 듣는 이의 마음을 움직여 하나님의 자녀가 되도록 인도하십니다.

말씀 읽기 행 8:31

3. 전도는 하나님의 자녀가 되는 권세입니다.

하나님의 자녀라는 자격은 하나님 나라에 들어가는 권세가 됩니다. 이 권세를 얻을 수 있는 방법은 오직 전도입니다. 전도를 통해 하나님 말씀을 듣고 예수 그리스도를 믿음으로써 구원을 얻게 될 때 우리는 하나님의 자녀가 되는 놀라운 은혜를 얻게 됩니다. 따라서 주님의 명령인 전도는 하나님의 자녀가 되는 권세라 할 수 있습니다.

하나님의 자녀인 빛의 자녀만이 천국에 들어갈 수 있습니다. 전도를 통해 어두움의 자녀들이 빛의 자녀들이 됩니다. 그러므로 우리는 불타는 마음으로 영혼을 사랑해야 합니다. 이것이 그리스도의 마음입니다. 주님이 우리를 사랑하신 것 같이 우리는 불신 영혼들을 사랑해야 합니다.

말씀 읽기 요 1:5

생각 나누기

01 우리가 전도해야 하는 이유는 무엇입니까?

02 우리가 결사적으로 전도를 할 수 있는 이유는 무엇입니까?

03 우리는 왜 믿지 않는 영혼을 사랑해야 합니까?

Date.

chapter 2

영혼에 대한 관심

성경 | 마 4:18-20(p.5)

찬송 | 93(통93), 495(통271)

마음 열기

어느날 목회자 모임에서 존 맥닐 박사님은 모두에게 흥미로운 질문을 던졌습니다.

"급행열차가 곧 지나가는 기찻길에 술에 취해 깊이 잠들어 버린 사람을 만나게 되면 어떻게 하시겠습니까?"

그러자 한 사람이 대답했습니다.

"당장 기찻길에서 그를 끌어내야죠. 아마 부드럽게는 못할 겁니다. 거칠더라도 그를 잡아끌 겁니다. 지칠 때까지 온 힘을 다하겠죠."

맥닐 박사님이 대답했습니다.

"바로 그렇습니다. 술에 취해 깊이 잠들어 있는 그 모습이 모든 영혼의 상태입니다. 기차 선로에 잠들어 있으면 안 됩니다. 하나님의 심판 열차가 곧 당도할 겁니다."

영혼 구원에 대한 예수님의 관심은 어떠하셨을까요? 예수님은 한시도 영혼 구원을 잊지 않으셨습니다. 바쁜 일상 속에서든, 수많은 대화 속에서든 항상 말입니다. 예수님의 전도는 이와 같은 관심에서 출발합니다.

1. 예수님은 복음을 외치셨습니다.

예수님은 요한이 잡혔다는 소식을 들으시자 갈릴리로 물러나셨다가 나사렛을 떠나셨습니다. 위험이 다가왔기 때문입니다. 하지만 스불론과 납달리 지경 해변에 있는 가버나움에 가시자 이곳에서 복음을 전하기 시작하셨습니다. 하나님의 말씀을 이루기 위함이셨습니다. 예수님의 관심은 오직 하나님의 뜻을 이루는 것에 있었습니다. 예수님은 온 힘을 다해 회개하라고 하시며 천국이 가까왔다고 말씀하셨습니다. 예수님은 어떤 두려운 상황 가운데서도 하나님의 뜻을 이루기에 힘을 다하셨습니다. 때로는 심각한 위협이 다가오고, 때로는 구체적인 어려움이 있었지만 멈추지 않으셨습니다. 이 일이 하나님을 영화롭게 하며 죽어 가는 영혼들에게 참된 생명이 되기 때문이었습니다.

말씀 읽기 마 4:17

2. 예수님은 영혼에 관심을 갖고 계셨습니다.

예수님은 갈릴릴 해변에서 복음을 전하며 다니시다가 두 형제 곧 베드로라 하는 시몬과 그의 형제 안드레가 바다에 그물 던지는 것을 보셨습니다. 이 두 형제는 어부로서 자신의 생업을 위해 열심히 일하고 있던 중이었습니다. 하지만 예수님은 그들 마음 깊은 곳을 보셨습니다. 그리고 그들이 갖고 있는 열정과 헌신을 보셨습니다. 분명 이들은 예수님이 해변을 다니며 복음을 전하시는 모습을 주의 깊게 보며 그 말씀에 감화를 받았지만 자신들이 어떻게 해야 할지 몰라 갈등하고 있었을 것입니다. 예수님은 바쁘게 다니시는 중에도 그들을 소홀히 보지 않으셨습니다. 예수님은 이들을 향해 말씀하셨습니다.

"나를 따라오라 내가 너희를 사람을 낚는 어부가 되게 하리라."

시몬과 안드레는 예수님의 말씀에 곧 결단함으로써 행동으로 옮겼습니다. 그들은 이제 예수님을 따르는 제자가 되었습니다.

말씀 읽기 마 9:36

3. 예수님의 영혼에 대한 관심은 계속되었습니다.

예수님은 더 가시다가 이제 세베대의 아들 야고보와 그의 형제 요한이 그의 아버지 세베대와 함께 배에서 그물 깁는 것을 보셨습니다. 이들은 온종일 물고기를 잡고 이제 그물을 씻고 찢어진 곳을 수선하는 중이었습니다. 예수님은 앞서 시몬과 그의 형제 안드레를 보셨던 것처럼 세베대의 아들 야고보와 그의 형제 요한을 보셨습니다. 예수님은 이들에게서도 주님을 향한 열정을 보셨습니다. 이들 역시 복음을 전하시는 예수님을 보고, 그 말씀에 감화를 받아 주님을 따르고자 하는 마음을 갖고 있었던 것입니다. 예수님은 이들 역시 부르셨습니다. 이들은 결단함으로써 주님을 따랐습니다. 자신의 생업이었던 배와 아버지를 버려두고 예수님을 따랐던 것입니다.

예수님은 영혼을 향한 관심을 놓지 않으셨습니다. 영혼을 향한 관심에 게으름은 있을 수 없습니다. 예수님은 시몬과 안드레에게 만족하지 않으시고 더 나아가 야고보와 요한도 부르셨습니다. 오늘도 주님은 우리가 이웃의 영혼에 관해 관심 갖기를 원하십니다. 우리가 주님처럼 그 관심을 놓지 않을 때 이 땅에 잃어버린 영혼들이 주님께 돌아오게 될 것입니다.

말씀 읽기 마 3:2

생각 나누기

01 우리가 가져야 할 영혼 구원의 관심 지역은 어디입니까?

02 전도를 위해 우리가 해야 할 일은 무엇입니까?

03 당신 마음에 떠오르는 영혼 구원 대상자는 누구입니까?

Date.

chapter 3

영혼을 위한 기도

성경 | 눅 22:31-32(p.135)

찬송 | 252(통184), 324(통360)

마음 열기

중곡동에 있는 00교회는 영혼을 위해 집중하는 프로그램을 갖고 있었습니다. 이는 한 여집사에 의해서 시작되었습니다.

이웃에 한 새댁이 있었는데 출산을 하면 돌봐 줄 사람이 없었습니다. 집사님은 자원하여 산후조리 동안 그 산모의 조리, 기저귀 빨래, 밥 짓는 일을 정성껏 도와주었습니다. 그리고 새벽기도 때마다 그 가정이 예수님을 믿게 해 달라고 간절히 기도했습니다. 산모와 남편은 이 일에 큰 감동을 받았습니다.

산후조리 기간이 끝나자 이 부부는 그 집사님이 전도하기 전에 먼저 교회에 출석하였습니다. 이 일이 알려지게 되자 교회는 이를 영혼을 위한 집중 프로그램으로 삼았습니다. 교회는 서로 솔선하여 연약한 이웃을 위해 봉사하였고, 기도함으로써 전도에 힘쓰게 되었습니다.

우리는 연약한 분들을 위해 기도해야 합니다. 그리고 그들의 필요를 살펴 도와야 합니다. 예수님은 연약한 제자들을 향한 기도를 멈추지 않으셨습니다. 그들이 지금 필요한 것이 무엇인지 아셨기 때문입니다.

1. 예수님은 영혼을 위해서 간절히 기도하셨습니다.

예수님은 십자가에 못 박히시기 전날, 시몬 베드로를 위해 기도하고 계셨음을 밝히셨습니다. 그것은 사탄이 그의 믿음을 시험하여 무너뜨리기로 작정하였기 때문입니다. 예수님은 베드로의 영혼을 위해 기도하셨습니다. 그가 믿음을 지킬 때 형제들의 믿음을 굳게 할 수 있을 것이기 때문입니다. 사실 잠시 후 베드로는 엄청난 시험을 만나게 됩니다. 그가 목숨을 담보로 하는 위협에 굴복하여 예수님을 부인할 것이기 때문입니다. 자신의 목숨이냐 주님을 향한 헌신이냐 그는 심각한 고민에서 굴복하게 될 것입니다. 그리고 믿음을 잃고 심각하게 방황을 할 것입니다. 그가 제자들을 대표하는 인물이라는 점을 생각한다면 전체 제자들의 믿음에 심각한 위기가 아닐 수 없습니다. 예수님은 그에게 지금 진정으로 필요한 것, 즉 그의 영혼을 위한 기도를 하셨던 것입니다. 우리 역시 연약한 이들을 위한 기도를 멈춰서는 안 됩니다. 그들이 필요로 하는 일에 기도의 힘을 보태야 합니다. 이것이 바로 주님이 하신 일입니다.

말씀 읽기 눅 22:31-32

2. 예수님은 기도를 명하셨습니다.

예수님은 습관에 따라 감람산에 가셨습니다. 예수님은 평소에도 제자들에게 기도로 본을 보이셨습니다. 따라서 예수님이 감람산으로 향할 때 제자들은 당연히 그것이 기도를 위함임을 알았습니다. 예수님은 기도로 본을 보이실 뿐 아니라 제자들을 향해 유혹에 빠지지 않게 기도하라고 명하셨습니다. 지금은 기도해야 할 가장 긴급한 때이기 때문입니다. 제자들이 만약 피곤을 핑계로 기도하지 않는다면 사탄의 흉계에 빠져 믿음이 무너져 버리게 될 것이 분명합니다. 기도는 승리를 위한 힘이요, 시험을 벗어날 수 있는 최상의 무기입니다. 예수님이 제자들에게 본을 보이시고 가르쳐 주신 기도는 훗날 믿음에 굳건히 서서 사명을 감당하게 하는 근원이 될 것입니다.

말씀 읽기 눅 22:41-44

3. 예수님은 기도만이 답임을 보여 주셨습니다.

예수님은 힘쓰고 애써 더욱 간절히 기도하셨습니다. 그 모습은 너무 처절하였습니다. 예수님이 이렇게 격렬하게 사투하며 기도하는 모습은 이 싸움에서 기도가 얼마나 중요한 사역인지 알게 합니다. 예수님은 얼마나 간절히 기도하시던지 땀이 방울방울 맺혀 땅에 떨어졌습니다. 그 양이 얼마나 많았던지 마치 핏방울같이 되었습니다. 예수님의 아픔을 제자들은 고스란히 느낄 수 있었습니다.

만일 우리가 사탄이 지배하고 있는 한 영혼을 구원하고자 한다면 예수님과 같이 간절히 기도해야 합니다. 예수님이 땀방울이 핏방울처럼 떨어지도록 기도하셨듯이 우리도 간절히 사투하며 기도해야 합니다. 우리의 간절한 기도는 결국 사탄의 결박을 끊고 주님의 자녀로 변하게 할 것입니다. 기도만이 답입니다. 기도 외에는 다른 답이 없습니다.

말씀 읽기 막 9:29

생각 나누기

01 예수님은 왜 이렇게 힘을 다해 기도하셨습니까?

02 우리가 고난 중에도 한 영혼을 위해 기도해야 하는 이유는 무엇입니까?

03 왜 기도만이 우리의 답이라고 말할 수 있습니까?

Date.

chapter 4

영혼을 위한 준비

성경 | 행 16:6-14(p.215)

찬송 | 200(통235), 338(통364)

마음 열기

세계적인 명지휘자로 알려진 토스카니니는 원래 첼로 연주자였습니다. 하지만 불행하게도 아주 심각한 근시여서 악보를 보기가 너무 어려웠습니다. 그래서 그는 늘 미리 외워서 연주회에 나가야 했습니다. 한번은 연주회 직전 지휘자가 갑자기 병원에 입원하게 되어 지휘를 할 수 없게 되었습니다. 그 많은 오케스트라 단원 중 곡을 전부 암기하고 있던 사람은 오직 토스카니니 뿐이었습니다. 오랫동안 악보를 외우며 준비하고 있었던 그에게 기회가 온 것입니다. 그는 급하게 임시 지휘자가 되어 지휘대 위에 오르게 되었습니다. 그때 그의 나이는 19세였습니다. 이날이 바로 세계적인 지휘자 토스카니니가 탄생한 순간이 되었습니다. 준비하는 자에게 기회가 오는 법입니다.

복음 전도는 지적 능력이나 기술 습득으로 감당할 수 없습니다. 복음 전도는 영혼을 상대하기 때문입니다. 바울이 복음 전도를 위해 준비한 것은 무엇이었을까요?

1. 성령입니다.

신약에 나타난 전도는 항상 성령의 역사하심 가운데 있었습니다. 바울은 언제나 기도하며 성령을 구하였고, 성령께서 인도하시는 그 길을 따랐습니다. 그 인도하심이 때론 그가 가고자 하는 길과 전혀 달라 고민하게 하였지만 그는 자신의 의지를 꺾고 성령을 따랐습니다. 성령이 인도하는 그 길이 확실한 복음 전도의 길이라고 여겼기 때문입니다.

오늘날 우리 역시 오직 성령을 구하고 성령 충만함 가운데 성령의 인도하심을 따라야 할 것입니다. 때론 그 길이 내가 가고자 하는 길과 다를지라도 성령이 인도하시는 그 길에는 실패함이 없다는 것을 인정하며, 내 고집을 내려놓아야 합니다.

말씀 읽기 행 16:6

2. 성령의 인도하심을 따르는 훈련입니다.

아무 연고도 없는 마게도냐는 신화가 지배하는 우상의 나라였습니다. 하지만 성령의 인도를 따랐던 바울에게는 두려움이 없었습니다. 마게도냐 첫 성이었던 빌립보에 이른 바울은 이곳에서도 기도를 쉬고자 하지 않았습니다. 비록 불편하고 아는 사람이 없었지만 성령의 인도하심을 따랐던 바울은 분명 주님이 예비하신 특별한 은혜가 있을 것을 기대하였습니다.

주님은 놀랍게도 자색 옷감 장수였던 루디아란 한 여인의 마음을 열어 바울의 말을 따르게 하셨습니다. 루디아는 이후 바울에게 세례를 받고 주님을 따르는 선교의 큰 자취를 남기게 되었습니다. 이처럼 바울이 성령의 인도하심을 따르는 훈련을 따랐을 때 주님의 분명한 인도하심을 경험할 수 있었습니다. 우리도 주님의 인도하심을 경험하기를 원한다면 우리를 향하신 성령의 인도하심에 민감히 따라야 합니다.

말씀 읽기 행 16:14

3. 주님은 준비된 자에게 사명을 맡기십니다.

주님의 일은 의욕과 열심으로만 감당할 수 있는 일이 아닙니다. 오직 기도함으로써 성령을 사모하고, 성령 충만함으로 그의 인도하심을 따르기를 소망할 때 주님은 우리가 가야 할 길을 보여 주시고, 마땅히 맡아야 할 사명을 주십니다. 주님은 성령충만함 가운데 성령을 따르는 바울에게 큰 고난을 주셨습니다. 바울을 시기하는 자들의 악한 소문이 그를 따랐고 결국 그 모함에 따라 감옥에 갇히고 많이 맞았습니다. 만일 그가 성령으로 준비되어 있지 않았다면 시험에 빠져 믿음을 잃어 버릴 수도 있었을 것입니다. 하지만 그는 승리했고 찬양 가운데 역사하시는 하나님의 권능을 체험할 수 있었습니다. 그렇습니다. 주님은 오늘도 준비된 자에게 사명을 맡기십니다.

말씀 읽기 행 16:16-34

생각 나누기

01 바울이 기도 가운데 힘을 써 준비한 것은 무엇입니까?

02 우리가 성령의 인도하심을 따르기 위해 준비해야 할 것은 무엇입니까?

03 주님을 따를 때 우리에게 다가온 시련이 오히려 축복인 이유는 무엇입니까?

Date.

chapter 5

영혼을 위한 도전

성경 | 행 3:6-8(p.191)

찬송 | 432(통462), 496(통260)

마음 열기

어느 저명한 소아과 전문의가 체중이 미달인 연약한 어린 아기를 치료하기 위해 특별한 방법을 고안하였습니다. 그는 병원을 회진할 때 체중 미달 아기를 발견하면 이렇게 처방하였다고 합니다.

"이 아기는 세 시간마다 사랑을 받아야 함."

신기하게도 이 처방은 연약한 아기에게 특효약이 되었습니다.

애정이 필요한 것은 갓 태어난 아기뿐만이 아닙니다. 의사들은 우리의 신체적인 질병이 대부분 불안감이나 고독감 그리고 버림받았다는 느낌에서 일어난다고 말합니다. 우리의 영적인 문제도 동일합니다. 우리 이웃이 큰 고민을 겪게 된다면 우리는 그에게 사랑을 전하면 됩니다. 그 사랑은 바로 우리를 향하신 예수님의 사랑입니다. 우리는 우리가 받은 예수님의 사랑을 그대로 이웃에게 전하며 그를 사랑해야 합니다. 그렇게 될 때 그는 분명 힘을 얻고 고민을 해결하게 될 것입니다.

우리는 연약한 이웃을 어떻게 도울 수 있을까요? 우리는 우선 그가 가진 영적인 문제를 바라볼 수 있어야 합니다. 그에게 어떤 사랑이 필요한지, 그에게 특별한 조치가 무엇일지 고민하며 그를 위해 기도해야 합니다.

성전에 기도하기 위해 올라가던 베드로와 요한은 성전 문 앞에서 구걸하는 자를 발견하였습니다. 베드로와 요한은 과연 이들에게 무엇을 전해 주고자 하였을까요?

1. 바라보게 하였습니다.

성전 문 앞에서 구걸하였던 자는 언제나 미래를 바라보지 못하고 자기 앞에 있는 바구니만을 바라보았습니다. 그가 진정 바라보아야 할 곳은 그를 회복시키고 치유하실 주님의 권능이었습니다. 사도들은 그에게 선포하였습니다.

"우리를 보라!"

이 선언으로 그는 드디어 고개를 들어 복음을 전할 사도들을 바라볼 수 있게 되었던 것입니다. 우리 역시 주님의 말씀을 전할 그 입술에 주목할 수 있도록 해야 합니다. 주님의 말씀에 주목하여 듣게 될 때 죽어 가던 영혼은 새 힘을 얻게 될 것입니다.

말씀 읽기 행 3:1-5

2. 예수 그리스도의 이름입니다.

베드로는 오직 물질만을 기대하고 자신을 바라보며 구걸하던 자에게 예수 그리스도의 이름을 전하였습니다. 그것은 예수 그리스도의 이름이 그에게 온전한 회복을 선사할 열쇠가 되기 때문이었습니다. 그는 아무리 은과 금을 얻는다 하더라도 성전문에서 벗어날 수 없습니다. 그를 데려다 놓은 자들이 그 이익을 편취할 뿐 그에게는 어떤 이익도 돌아가지 못할 것입니다. 설령 약간의 물질을 더 주고 좀 더 풍족한 음식을 먹게 된다 하더라도 비참한 육신은 여전할 것입니다. 하지만 예수 그리스도의 이름은 다릅니다. 그에게 생명을 줄 진정한 이름이기 때문입니다. 우리는 우리를 바라보는 연약한 자들을 위해 무엇을 줄 수 있겠습니까? 우리가 줄 수 있는 최고의 선물은 바로 예수 그리스도의 이름입니다.

말씀 읽기 행 3:6

3. 온전한 회복을 선언하였습니다.

베드로는 예수 그리스도의 이름을 선포하며 그에게 예수 그리스도의 이름으로 걸으라고 명하였습니다. 그렇습니다. 예수 그리스도라는 이름에는 생명과 권능이 담겨 있습니다. 베드로의 몸에 어떤 능력이 있어 이런 일이 일어나는 것이 아닙니다. 오직 그 비밀은 예수 그리스도의 이름에 있습니다. 예수 그리스도의 이름으로 나아갈 때, 예수 그리스도의 이름이 선포될 때 불가능한 일은 없습니다. 현대 의학으로도 회복할 수 없는 장애가 주님의 이름 하나로 다시 온전해집니다. 오늘 우리에게도 예수 그리스도의 이름은 권능으로 함께합니다. 우리 주님의 이름을 선언하며 그리스도를 믿지 않는 영혼들에게 생명을 전파해야 할 것입니다.

말씀 읽기 행 3:6-10

생각 나누기

01 베드로와 요한은 구걸하던 자에게 왜 자신들을 바라보라고 말했을까요?

02 예수 그리스도의 이름이 중요한 이유는 무엇입니까?

03 우리가 주님의 이름을 선언하며 나아가야 하는 이유는 무엇입니까?

Date.

chapter 6

영혼의 사랑

성경 | 행 16:30-31(p.216)

찬송 | 442(통499), 452(통505)

마음 열기

도자기를 만드는 어느 가정에 한 사람이 방문하였습니다. 그는 그곳에서 유리 상자 속에 든 두 개의 꽃병을 보았습니다.

"이 꽃병은 가격이 얼마입니까?" 주인은 고개를 저으며 말했습니다.

"이 세상 돈을 다 준다 해도 팔 수 없습니다."

그는 이해할 수 없었습니다. 그렇게 귀한 꽃병은 아니었기 때문입니다. 그가 그 이유를 물어보자 주인은 이렇게 대답했습니다.

"몇 년 전만 해도 저는 술주정뱅이에다 노름꾼이었어요. 그런데 어느 날 친구의 권유로 교회의 집회에 참석하고 집에 돌아오는 길에 쓰레기 더미에서 흙 한 무더기를 발견하였습니다. 누군가가 쓸 데 없어서 버린 것이었지요. 저는 그걸 집에 가져와 반죽하여 꽃병을 만들었습니다. 그리고 생각했습니다. '내가 저렇게 변할 수 있다면 하나님께서도 나를 가지고 똑같은 일을 하실 수 있을 거야!' 그때부터 저는 하나님의 손에 내맡기고 하나님께서 저를 새 사람으로 만들어 달라고 기도했습니다. 이 꽃병은 저의 간증입니다."

주님의 은혜는 놀라움으로 다가오기도 하지만 때로는 큰 시련을 주기도 합니다. 하지만 그 시련은 우리로 하여금 영혼을 더 사랑하게 한다는 사실을 깨닫게 됩니다. 바울과 실라가 체험한 고난을 통해 얻게 된 은혜는 무엇일까요?

1. 찬양의 은혜를 발견했습니다.

전도하는 장소를 쫓아다니는 귀신 들린 여종으로 힘들어하던 바울은 예수님의 이름으로 귀신을 쫓아냈습니다. 하지만 그녀로 인해 이득을 얻었던 주인들은 바울과 실라를 잡아 고소하여 많이 때리고 옥에 가두어 버렸습니다. 바울과 실라는 육체적으로 심각한 고통을 얻게 되었습니다. 그들이 형벌로 때리는 채찍은 살을 찢고 피를 흘리게 하였기 때문입니다. 그리고 감옥에 가둬 마음에 심각한 절박함을 느끼게 하였습니다. 하지만 바울과 실라는 가장 고통스러운 그 장소에서 조용히 찬송을 부르기 시작했습니다. 찬양은 마음을 위로하고 연약해진 온몸에 강함을 더해 주었습니다. 그리고 주님의 은혜가 온몸을 덮었습니다. 성령충만함이 있게 되자 더는 두려움과 어둠의 그림자가 남아 있지 않게 되었습니다.

이처럼 때론 고난을 통해 우리는 찬양의 놀라운 은혜를 발견하게 됩니다. 이 은혜를 누려보지 않은 사람은 알 수 없는 신비한 위로와 힘을 체험하게 됩니다.

말씀 읽기 시 84:1-12

2. 지켜 주시는 은혜를 확신할 수 있었습니다.

찬양은 위로와 힘을 주는 은혜로만 그치지 않았습니다. 역사하시는 하나님의 권능을 느낄 수 있게 하였습니다.

찬양 가운데 큰 지진이 일어났습니다. 누가 봐도 이는 하나님의 권능의 역사였습니다. 옥의 문이 열리고 매였던 모든 사슬이 벗어졌습니다. 이처럼 지켜 주시는 주님의 은혜는 구체적입니다. 놀라운 간증으로 나눌 수 있도록 확실한 사례가 눈앞에 벌어진 것입니다. 이제 바울과 실라는 그 은혜를 따라 움직이고 간증만 하면 되었습니다.

하나님의 지켜 주시는 은혜는 오늘도 동일합니다. 사랑하는 자녀가 위기에 있을 때, 막다른 골목에서 외치고 부를 때 주님은 우리가 피해야 할 길, 나아가야 할 길을 보여 주시고, 막힌 길을 부수어 나아갈 수 있게 하십니다.

말씀 읽기 행 16:24-26

3. 구원의 은혜를 체험했습니다.

하나님은 이때 간수로 하여금 깊은 잠을 자게 하였습니다. 그들은 지금 이 일이 어떻게 일어났는지 알 수 없었습니다. 그들은 단지 결과만 볼 뿐입니다. 그들이 목도한 상황은 옥문이 열려 있다는 사실이었습니다. 그들은 즉시 칼을 뽑았습니다. 자결을 시행하려 한 것입니다. 죄수들이 모두 도망갔다고 생각했기 때문입니다. 죄수들은 그들의 목숨값과 동일했습니다. 하지만 죄수들은 도망가지 않았습니다. 옥문이 열리고 쇠사슬이 벗어졌지만 주님이 그들을 막으셨기 때문입니다. 그들은 꼼짝하지도 않고 이 일이 무슨 일인가 지켜만 보고 있었습니다.

바울은 크게 소리질러 간수의 자결을 막았습니다. 그러자 그는 엎드려 두려워하며 자신이 어떻게 하면 구원을 얻을 수 있는지 물었습니다. 그는 이 일이 주님의 권능임을 확신하였기 때문입니다. 바울은 그에게 주 예수를 믿으라고 전하였습니다. 즉시 그들에게 구원의 은혜가 임하게 되었습니다.

주님이 주시는 고난의 결과는 은혜요, 구원이었습니다. 이것이 우리가 어떤 상황 가운데서도 절망하지 않고 주님의 은혜를 바라보아야 하는 이유입니다.

말씀 읽기 요 3:16

생각 나누기

01 바울과 실라가 고난 가운데 발견한 은혜는 무엇입니까?

02 오늘날 우리가 체험한 하나님의 지켜 주시는 은혜는 무엇입니까? 서로 나누어 봅시다.

03 당신이 체험한 구원의 은혜는 무엇입니까?

II

기도하는 구역

Date.

chapter 7

신앙의 기본, 기도

성경 | 마 6:33(p.10)

찬송 | 220(통278), 406(통464)

마음 열기

마르틴 루터는 당시 부패한 교회에 맞서 종교개혁을 선포한 위대한 신학자입니다. 그는 1517년 비텐베르크 교회 문에 95개 조항의 "개혁선언문"을 붙여 종교개혁의 포문을 열었습니다. 그의 행동은 모두에게 커다란 충격을 전해 주었습니다. 사람들은 어떻게 그가 절대 권력이었던 교황의 세력과 맞설 수 있었는지 의문을 표시했습니다. 하지만 루터는 그 비결이 바로 기도라고 고백하였습니다.

"만일 내가 새벽에 두 시간 이상을 기도하지 않았다면 그날의 승리는 마귀에게 돌아갔을 것입니다. 저에게는 할 일이 수없이 많지만 날마다 세 시간 이상 기도하는 것보다 더 중요한 일은 없습니다. 그 기도가 모든 일을 지탱해 나가게 하는 힘이 되기 때문입니다."

마르틴 루터의 고백은 오늘날에도 우리가 기도해야 하는 중요한 이유가 됩니다.

신앙생활에서 기도는 기본 중의 기본입니다. 기도 없는 신앙생활이 불가능하기 때문입니다. 우리는 모든 일을 기도로 시작하고 기도로 마쳐야 합니다. 예수님은 우리의 기도의 모범이십니다. 예수님은 우리에게 어떻게 기도하라고 가르쳐 주셨습니까?

1. 먼저 그의 나라와 그 의를 구하라고 하셨습니다.

일반적으로 우리는 기도를 우리의 필요로부터 시작하게 됩니다. 나에게 부족한 것들, 나의 아픔, 내 주변의 어려움, 꼭 이루어야 하는 일, 부모님과 자녀의 고민 등 많은 기도를 합니다. 우리가 생각하기에 나의 어려움이 가장 긴급한 기도라고 여기기 때문입니다. 하지만 예수님이 우리에게 가르쳐 주신 기도는 그 우선순위를 하나님께 돌리라고 합니다. 하나님의 나라와 의를 먼저 구하며 오직 주님의 복음이 이 땅에 가득하게 해 달라고, 복음의 일에 주님의 권능이 함께 해 달라고 기도해야 합니다.

때론 이 기도 제목이 나와는 관계가 먼일처럼 보일지라도 하나님은 우리의 기도에 주의를 기울이시며 주님의 나라를 먼저 구하는 그의 기도를 보시고 은혜를 주신다는 것입니다. 우리는 기도의 우선순위를 놓쳐서는 안 됩니다.

말씀 읽기 마 6:31-32

2. 이 모든 것을 더하신다고 말씀하셨습니다.

예수님은 기도의 우선순위를 지킨 하나님의 자녀에게 필요한 모든 것을 주실 것이라고 약속하셨습니다. 이 약속은 우리를 잘 아시고 모든 필요를 살피시는 하나님의 은혜를 다시 생각하게 합니다. 우리는 하나님의 나라와 의를 위해 기도할 뿐이지만 우리 하나님은 이미 우리의 모든 필요를 아시고 우리가 구하지 않은 것까지 채워주신다는 것입니다. 하나님은 이미 자녀에게 필요한 모든 것을 아십니다. 우리가 건강이 어떠한지, 재정 형편이 어떠한지, 하는 일에 가장 중요한 문제가 무엇인지 모두 다 아십니다. 하나님은 우리가 구한 것만 기계적으로 응답하시는 분이 아닙니다. 우리가 생각하지 못하는 것까지도 꼭 필요한 것을 살피시는 은혜의 하나님이십니다. 그렇기 때문에 우리는 오늘도 담대히 기도생활을 할 수 있는 것입니다.

말씀 읽기 마 15:15-21

3. 확신 가운데 기도하라고 하십니다.

우리는 언제나 우리 하나님이 우리의 기도를 들으시고 응답하신다는 확신을 가져야 합니다. 이와 같은 확신이 있을 때 우리는 두려움 없이 기도할 수 있습니다. 가장 좋은 것을 주시는 하나님, 그 하나님을 확신하며 기도에 힘써야 합니다.

누가복음 11장에서 예수님은 우리에게 구하고 찾고 두드리라고 말씀하십니다. 이처럼 우리가 간절히 하나님의 나라를 위해 기도하며 그의 나라를 구할 때 우리에게 문이 열리며 기도 응답이 이루어지게 될 것입니다. 그리고 가장 좋은 것을 주시는 하나님은 우리가 필요로 하는 그 은혜를 한 없이 부어 주실 것입니다.

말씀 읽기 눅 11:9-13

생각 나누기

01 우리는 왜 먼저 그의 나라와 그의 의를 위해 기도해야 합니까?

02 기도할 때 우리가 가져야 할 확신은 무엇입니까?

03 우리는 왜 힘을 다해 기도해야 합니까?

Date.

chapter 8

응답의 조건, 기도

성경 | 막 11:23-25(p.74)

찬송 | 425(통217), 380(통424)

마음 열기

유명한 설교가인 템플 목사님이 한번은 케임브리지 대학 채플에 설교자로 초청을 받았습니다. 목사님은 젊은이들이 기도를 배워 하나님 앞에 기도드릴 수 있다면 저들의 장래는 얼마나 복될까? 라는 생각에 `기도에 응답하시는 하나님'이라는 제목으로 준비하여 열심히 설교했습니다. 그런데 채플이 끝나자 한 학생이 목사님께 다가와 말하였습니다.

"목사님, 목사님은 이 과학 시대에 아직도 기도 응답을 믿습니까? 우연의 일치 아닌가요?"

그러자 목사님이 이렇게 대답했습니다.

"기도가 우연의 일치라고요? 그럴지도 모르죠. 하지만 이상한 일이 있습니다. 내가 기도를 그치면 그 우연도 그쳐 버리고 만다는 사실입니다. 그러니 기도가 얼마나 중요한 것입니까?"

우리가 기도해야 하는 이유는 예수님께 있습니다. 예수님은 우리의 기도의 근거가 되고 목적이 되기 때문입니다. 우리는 예수님이 행하신 것처럼 기도로 승리해야 합니다. 그렇다면 우리가 기도해야 하는 이유는 무엇입니까? 예수님은 무엇이라고 말씀하셨습니까?

1. 이루어질 줄 믿고 기도해야 합니다.

예수님은 제자들과 함께 베다니에서 나왔을 때 무화과나무를 보셨습니다. 무화과는 처음 열매를 맺은 다음 긴 여름 동안 다섯 차례의 열매를 맺게 됩니다. 지금 무화과나무에는 풍성하지는 않지만 열매가 있어야 당연한 것이었습니다. 하지만 열매가 보이지 않습니다. 그렇다면 이 나무는 더 이상 열매를 맺지 않는 나무가 된 것입니다. 예수님은 더는 열매를 맺지 않는 나무를 저주하셨고 이 나무는 다음 날 다시 봤을 때 뿌리째 말라 버렸습니다. 예수님은 이를 통해 제자들에게 열매 맺는 삶을 가르치기를 원하셨던 것입니다. 예수님을 따른다 하면서 열매 맺지 않는 자, 삶에서 그리스도의 열매를 맺지 못하는 자는 결국 버려짐을 당하게 될 것입니다.

다음 날 이 말라 버린 무화과나무를 목격한 제자들은 예수님께 질문하였고, 예수님은 이를 기도로 연결하여 이루어질 줄 믿고 기도하라고 말씀하셨습니다. 우리는 믿음의 열매를 맺기 위하여 기도하며 기도하는 것은 반드시 이루어진다는 사실을 확신해야 할 것입니다.

말씀 읽기 눅 8:50

2. 의심하지 말아야 합니다.

우리는 기도는 하지만 기도한 바가 이루어질 것을 확신하지 못하고 오히려 의심하고 두려워합니다. 예수님은 제자들에게 분명히 말씀하십니다.

"내가 진실로 너희에게 이르노니 누구든지 이 산더러 들리어 바다에 던져지라 하며 그 말하는 것이 이루어질 줄 믿고 마음에 의심하지 아니하면 그대로 되리라"

예수님이 보이신 이 기도의 예는 감히 우리 마음에 담기도 힘든 기도입니다. 하지만 여기 분명한 말씀은 의심하지 말라는 것입니다. 우리가 드리는 이 기도를 우리 하나님께서 들으시고 그 기도에 응답해 주신다고 확신한다면 우리는 놀라운 은혜의 역사를 목도하는 기적을 체험하게 될 것입니다.

말씀 읽기 눅 24:25

3. 하나님께 온전히 맡겨야 합니다.

예수님은 다시 한번 강조하며 말씀하십니다.

"그러므로 내가 너희에게 말하노니 무엇이든지 기도하고 구하는 것은 받은 줄로 믿으라 그리하면 너희에게 그대로 되리라"(막 11:24).

우리는 한풀이를 위해 기도하는 것이 아닙니다. 기도를 이루실 하나님께 확신 가운데 기도하는 것입니다. 우리가 기도를 드리며 하나님의 손에 우리의 고민을 온전히 다 드리고, 이루실 것을 확신할 때 놀라운 기적이 일어납니다. 하나님께서 우리의 기도에 움직이시고 그대로 이루시게 하기 때문입니다.

말씀 읽기 시 37:3-7

생각 나누기

01 우리가 언제나 기도할 때 잊지 말아야 하는 중요 사항은 무엇입니까?

02 우리가 의심하며 기도할 때 어떻게 됩니까?

03 우리가 하나님께 온전히 맡기기 위해 어떻게 해야 합니까?

Date.

chapter 9

기도의 생활화

성경 | 골 4:2-3(p.328)

찬송 | 337(통363), 393(통447)

마음 열기

1970년대 중반 김세창 목사님이 중부 아프리카 선교여행을 하고 있을 때의 일입니다. 목사님은 오래된 프로펠러 비행기를 타고 선교 지역으로 이동하게 되었습니다. 그런데 잘 날아가던 비행기의 프로펠러가 갑자기 정지해 버렸습니다. 비행기 몸체가 갑자기 급강하를 하였습니다. 비행기 안에 있던 모든 사람들의 얼굴이 사색이 되었습니다. 어떤 사람은 비명을 질렀고 어떤 사람들은 살려 달라고 소리를 질렀습니다.

이때 김세창 목사님은 갑자기 두 손을 높이 들고 큰 소리로 외치며 기도하기 시작했습니다.

"주여! 주 예수여! 불쌍히 여기소서!"

그 순간 놀라운 일이 벌어졌습니다. 멈췄던 프로펠러가 다시 움직이기 시작했습니다. 비행기는 다시 위로 올라가며 고도를 지킬 수 있게 되었습니다. 비행기 안의 사람들은 이 놀라운 일로 서로 수군거리기 시작했습니다. 마침내 비행기는 목적지 공항에 도착할 수 있었습니다.

그러자 승객들은 모두 기쁜 얼굴로 목사님께 다가와 감사의 말을 전했습니다. 목사님은 이 모든 영광을 하나님께 돌렸습니다. 그렇습니다. 하나님은 기도하는 자에게 은혜를 주시고 역사해 주십니다.

사도 바울은 왕성하게 복음을 전했던 자입니다. 그는 어떻게 복음에 앞장선 일꾼이 될 수 있었을까요?

1. 기도에 항상 힘썼습니다.

사도 바울은 일생을 기도하면서 살았습니다. 그는 다메섹 도상 이후 순교할 때까지 기도를 게을리하지 않았습니다. 그가 복음을 왕성하게 전할 수 있었던 이유가 여기에 있습니다. 우리도 주님의 일을 힘있게 하려면 기도해야 합니다. 주님은 기도하는 우리에게 주님의 일을 감당할 수 있는 능력을 주십니다. 만일 우리가 기도하지 않는다면 오히려 우리는 시험에 들게 됩니다. 그렇기에 우리는 언제나 기도에 힘을 써야 합니다.

말씀 읽기 눅 21:36

2. 기도에 감사함으로 깨어 있어야 합니다.

성도는 기도해야 합니다. 기도하지 않는 성도는 영적으로 살아 있다고 볼 수 없기 때문입니다. 습관은 평생을 지배한다고 말합니다. 예수님은 매일 기도하심으로 기도가 습관이 될 수 있도록 하셨습니다. 바울은 깨어 기도함으로 헬라 세계의 우상 문화와 거친 싸움에서 승리할 수 있었습니다.

오늘날 우리 역시 세상 문화와 싸우기 위해 깨어 기도해야 합니다. 그렇지 않으면 우는 사자와 같은 사탄의 공격에 무너지고 말 것입니다.

말씀 읽기 벧전 5:8

3. 전도의 문을 열어 달라고 기도해야 합니다.

바울은 언제나 전도를 위해 기도했습니다. 전도는 그리스도의 비밀을 전하는 것입니다. 따라서 기도의 능력이 없이는 결코 전할 수 없습니다. 전도의 열쇠는 바로 기도입니다. 우리는 성경대로 기도 훈련을 해야 합니다. 성도는 구역의 부흥과 불신자 전도를 위해서 모여 집중적인 기도를 해야 합니다. 이는 주님의 명령입니다. 성령이 함께하는, 하나님이 역사하시는 교회와 구역이 되기 위해 우리는 열심으로 기도해야 합니다. 우리가 사명의식을 갖고 기도한다면 분명 교회는 부흥할 것입니다.

말씀 읽기 행 1:14

생각 나누기

01 우리가 기도에 항상 힘써야 하는 이유는 무엇입니까?

02 우리가 깨어 기도하기 위해서는 어떻게 해야 합니까?

03 이 시간 우리에게 전도의 문을 열어 달라고 함께 기도합시다. 기도하는 우리에게 하나님은 성령이 충만한 가운데 복음을 전할 수 있도록 힘을 주실 것입니다.

Date.

chapter 10

기도와 은사

성경 | 고후 1:11(p.286)

찬송 | 544(통343), 302(통408)

마음 열기

길선주 목사님은 1919년에 있었던 3.1 독립운동 시 33인 중의 한 분이셨으며, 설교가이자 부흥사, 그리고 목회자이셨습니다. 길선주 목사님이 길선주 목사님다웠던 점은 이분이 기도의 사람이셨다는 것입니다. 일제 시대에, 그는 목회를 위해 깊은 산 속에서 겨울에 40일 금식기도를 하고 있었습니다. 기도가 거의 끝날 무렵에 날씨는 점점 추워졌습니다. 몸의 기력도 약해져 더는 버티기 어려운 지경에까지 이르렀습니다. 그때 그의 몸에 갑자기 온기가 있음을 느꼈습니다. 길선주 목사님은 그 상태로 기도하며 밤을 세웠고 날이 밝아 오고 있었습니다. 이제 목사님이 눈을 뜨고 뒤를 돌아보니 엄청나게 큰 호랑이가 그를 감싸고 있었습니다. 목사님이 그 호랑이를 바라보자 호랑이는 곧 일어나 어디론가 사라져 버렸습니다. 참으로 놀라운 일이 아닐 수 없습니다. 하나님께서 언제나 그가 힘있게 기도하여 목회를 준비할 수 있도록 도우셨던 것입니다.

바울은 어떻게 담대하게 기도할 수 있었을까요? 기도는 바울에게 어떤 은혜를 제공했을까요?

1. 담력을 제공합니다.

기도는 우리에게 담력을 제공합니다. 이것은 성령의 능력에 따른 것으로 어떤 두려운 상황에서도 복음을 전할 수 있게 합니다. 초대 교회는 로마의 강력한 핍박을 받았습니다. 기독교인들을 잡아들이고 재산을 몰수하며 심지어 죽이기까지 했습니다. 그럼에도 불구하고 기독교인들이 복음을 전할 수 있었던 이유는 기도 가운데 성령께서 주시는 담력을 얻었기 때문이었습니다.

오늘날 우리가 담대히 복음을 전하기 위해서는 기도해야 합니다. 성령은 오늘도 기도하는 우리에게 담대함을 허락하사 어떤 상황에서도 복음을 전하게 하실 것입니다.

말씀 읽기 욘 3:8

2. 은사를 제공합니다.

고난 가운데 있었던 고린도 교회는 온 힘을 다해 기도했습니다. 기도 외에는 방법이 없었기 때문입니다. 하지만 하나님은 기도하는 고린도 교회를 버리지 않으셨습니다. 그들에게 이 고난을 이길 수 있는 강력한 은사를 제공하셨습니다.

영적인 은사는 단순히 성경공부나 세미나로 얻을 수 없습니다. 오직 기도 외에는 다른 방법이 없습니다. 그렇기 때문에 사도 바울은 강력하게 "너희도 우리를 위하여 간구함으로 도우라"라고 말할 수 있었던 것입니다. 기도는 신학 이론이나 지식으로는 절대로 알 수가 없습니다.

말씀 읽기 고전 12:1-11

3. 부흥을 제공합니다.

부흥은 결코 목사나 장로의 힘으로 할 수 없습니다. 오직 기도로 가능합니다. 구역원들이 살아 있어 기도로 함께할 때 그것이 부흥의 원동력이 됩니다. 사도 바울은 이 원리를 너무 잘 알았기에 기도로 도우라고 말했던 것입니다.

성도는 온 힘을 다해 기도해야 합니다. 복음을 위해, 복음을 전하는 목회자와 전도자들을 위해, 그리고 삶의 현장에서 복음을 전하는 구역원들을 위해 기도할 때 교회는 부흥하게 될 것입니다.

말씀 읽기 행 9:40

생각 나누기

01 우리에게 성령께서 주시는 담력이 필요한 이유는 무엇입니까?

02 우리가 성령께서 주시는 담력과 은사를 얻기 위해서 해야 할 일은 무엇입니까?

03 오늘 우리의 기도가 필요한 전도 현장은 어디입니까?

Date.

chapter 11

기도의 법칙

성경 | 행 9:34-35(p.203)

찬송 | 515(통256), 546(통399)

마음 열기

1970년 말 차범근 선수는 경기 중 무릎에 큰 부상을 입었습니다. 고통도 심했지만 좀처럼 회복이 되지 않았습니다. 당시 의료 기술로는 회복이 희망적이지 않았습니다. 이때 그의 아내가 함께 교회에 나가자고 권했습니다. 평소 같으면 결코 듣지 않았을 이야기였지만 상황이 너무 절망적이었기에 그는 아내의 말에 따라 교회에 나가기 시작했습니다. 아내는 남편을 위해 기도하던 중 한얼산기도원 소식을 듣게 되었습니다. 그곳에서 이천석 목사님께 기도를 받으면 회복할 수 있다는 확신이 들었습니다. 남편을 설득하여 결국 함께 기도원에 찾아갈 수 있었습니다. 그곳에서 목사님께 안수기도를 받은 그는 결국 무릎이 회복되는 놀라운 기적을 체험하였습니다. 이 일은 이후 스포츠계에 선교의 바람이 일게 하였습니다. 의사들은 그에게 절망을 선사했지만 성령은 그에게 새로운 시작을 보여 주셨기 때문입니다. 회복한 그는 독일로 돌아가 다시 선수 생활을 할 수 있었습니다.

베드로는 예수님이 잡히시던 밤에 세 번이나 부인했던 연약한 믿음의 소유자였습니다. 예수님은 그에게 유혹에 넘어지지 않도록 기도하라고 하심으로 그가 시험을 받되 쓰러지지 않도록 도우셨습니다. 이와 같았던 그가 오늘 본문의 말씀을 보면 이전과 달리 이젠 위대한 권능자가 된 것을 알 수 있습니다. 그는 어떻게 이처럼 권능자가 되어 이적을 행할 수 있었을까요?

1. 예수 그리스도의 이름으로 선포하였습니다.

베드로는 과거와 달리 예수 그리스도의 이름을 의지하였습니다. 과거에 그는 자신의 힘으로 세상을 바꾸고자 했지만 곧 자신의 한계를 느낄 수밖에 없었습니다. 하지만 변화된 그는 이제 예수 그리스도의 이름으로 행동하고 선포하였습니다. 예수 그리스도의 이름은 권능입니다. 부활하신 예수님을 만난 베드로는 이를 깨닫고 기도함으로 더욱 깊이 예수님을 신뢰하게 되었던 것입니다. 우리도 예수 그리스도의 이름으로 행하고 선포해야 합니다. 예수 그리스도의 이름에 권능이 함께합니다.

말씀 읽기 요 14:14

2. 예수 그리스도의 이름을 높였습니다.

베드로는 오직 예수 그리스도의 이름으로 치료를 선포하였습니다.

"애니아야 예수 그리스도께서 너를 낫게 하시니"

이 선포에는 베드로의 이름이 없습니다. 그가 권능을 받아 행한다는 의미도 들어 있지 않습니다. 오직 예수 그리스도께서 너를 낫게 하신다는 표현으로 그리스도를 높였습니다. 이 선포 후에 애니아가 일어나 자리를 정돈하게 되었을 때 사람들은 베드로를 높이지 않았습니다. 그를 우상으로 섬기지 않았습니다. 그의 선포는 곧 예수 그리스도의 이름으로 이어졌고, 이적을 행하신 분이 예수 그리스도이심을 알렸습니다. 이를 통해 사람들은 모두 주께로 돌아오게 되었던 것입니다. 우리 역시 내가 아니라 예수 그리스도의 이름을 높여야 합니다. 오직 주의 이름만을 높일 때 주님은 역사하시고 영광을 받게 되실 것입니다.

말씀 읽기 행 9:35

3. 성령이 함께하셨습니다.

예수님은 승천하시면서 제자들에게 성령을 약속하셨습니다. 이 성령은 하나님께서 예수 그리스도의 이름으로 보내시는 분으로 예수님이 가르치신 모든 것을 생각나게 하셨습니다. 제자들은 이 성령과 함께함으로써 예수님의 말씀을 모두 이해하고 그 권능 아래 능력을 행할 수 있었던 것입니다. 성령은 주 예수님의 이름이 외쳐지는 곳에서만 일하시며, 주님의 이름이 없는 곳에서는 일하지 않으신다는 것을 기억해야 합니다. 시대가 달라졌지만 기도의 법칙은 달라지지 않았습니다. 우리는 오직 예수 그리스도의 이름을 선포하고 높이며, 성령과 함께함으로써 주님의 권능을 행하여야 할 것입니다.

말씀 읽기 요 14:26

생각 나누기

01 기도하던 베드로가 의지하던 이름은 무엇입니까?

02 베드로가 오직 높이기 원했던 이름은 무엇입니까?

03 성령이 함께하기 위해 우리가 해야 할 일은 무엇입니까?

Date.

chapter 12

기도와 구원

성경 | 욘 2:1-2(구약 p.1288)

찬송 | 382(통432), 445(통502)

마음 열기

미국에 살고 있던 한 집사님의 이웃에 유대인이 살고 있었습니다. 어느 날 그 유대인이 갑자기 집사님 댁에 방문하여 이렇게 말하는 것이 아닙니까!

"혹시 저를 도와주실 수 있나요? 저희 집에 급한 일이 있습니다."

이웃의 요청을 외면할 수 없어, 집사님은 급히 옷을 입고 방문하게 되었습니다. 그랬더니 너무 황당스럽게도 가스렌지 스위치를 꺼달라고 요청하는 것이 아닙니까? 집사님은 당황할 수밖에 없었습니다. 누구나 할 수 있는 이 쉬운 일을 요청하기 위에 부끄러움을 감수하다니! 하지만 이웃의 말은 너무 간절했습니다.

안식일이 시작되었는데 자신은 가스불을 끌 수 없으니 그렇게 되면 큰 사고로 이어진다는 것이었습니다. 율법에 열심이었던 유대인들은 결코 율법에 저촉되는 행동을 하지 않았습니다. 그들이 지키고 있던 율법에는 안식일에 가스렌지를 켜고 끄는 것도, 전기를 켜고 끄는 것도 모두 율법을 어기는 행위가 되었습니다. 그러니 곧 불이 나려고 했지만 가스를 끌 수 없었던 것입니다.

하나님의 구원 계획은 구체적입니다. 하지만 우리는 언제나 내 생각에 갇혀 하나님의 계획을 제한하려 합니다. 하나님이 계획하신 구원 계획은 무엇이었을까요? 요나는 왜 하나님의 구원 계획을 거부하려고 하였을까요?

1. 요나는 편협한 구원관을 가지고 있었습니다.

하나님은 요나에게 앗수르의 수도 니느웨로 가서 하나님의 심판을 외칠 것을 명하셨습니다. 니느웨 백성들이 회개하여 구원을 받기를 원하셨기 대문입니다. 하지만 요나는 하나님의 명령을 거부하였습니다. 앗수르는 바로 이스라엘을 괴롭히고 있던 나라였기 때문입니다. 이들은 이스라엘을 공격하여 백성들을 잔인하게 살육하였습니다. 요나는 하나님께서 이스라엘만 사랑하시고 구원하신다고 생각했기에 앗수르는 당연히 모두 멸망해야 마땅했습니다. 그러니 앗수르의 수도 니느웨로 가서 복음을 외칠 수 없었던 것입니다. 우리는 편협한 구원관을 버려야 합니다. 주님은 모든 민족에게 나아가 복음을 전하라고 명하십니다.

말씀 읽기 마 28:18-20

2. 요나는 영적으로 잠을 자고 있었습니다.

요나는 하나님의 말씀에 귀를 닫고 있었습니다. 당연히 그는 하나님께 기도하지 않았고 하나님의 모든 명령을 어기려 하였습니다. 그는 니느웨로 가지 않기 위해 반대 방향으로 가는 다시스행 배를 탔습니다. 배에 탄 요나는 배 밑층에서 깊은 잠이 들어 버렸습니다. 하나님을 떠나게 된 영혼은 깊은 잠에 빠지게 됩니다. 이 잠은 자신이 죽을 위기에 있어도 알아차리지 못합니다.

하나님은 선장을 보내 자는 그를 깨워 배 위로 올려 하나님의 두려운 폭풍을 목도하게 하였습니다. 이처럼 하나님은 사랑하는 자녀가 깊은 영적인 잠을 자고 있을 때 깨워 현실을 바라볼 수 있게 하십니다. 혹시 지금 영적인 깊은 잠에 빠져 있습니까? 바로 깨어 기도해야 할 때입니다. 하나님은 우리로 하여금 다시 기도할 수 있도록 주위의 사람을 보내어 경고하십니다.

말씀 읽기 욘 1:6-7

3. 하나님은 기도하도록 강제하십니다.

하나님은 기도하지 않는 요나를 폭풍으로 꾸짖으시고 그래도 반항하는 그를 물고기 뱃속으로 몰아 넣으셨습니다. 요나는 죽고자 했지만 결국 물고기 뱃속에 갇히게 되었습니다. 숨도 쉬기 어렵고 온몸이 강제 당하는 극한의 환경에서 요나는 드디어 기도하게 되었습니다. 요나의 기도는 너무나 절실했습니다. 그는 자신의 잘못을 깨닫고 회개하였으며 결국 다시 사명을 감당할 수 있게 해 달라고 기도하였습니다. 하나님은 그의 기도를 들으시고 다시금 기회를 제공하셨습니다. 우리는 기도해야 살 수 있습니다. 기도하지 않는 우리에게도 하나님은 기도할 수 있는 기회를 강제하실 수 있음을 기억해야 합니다.

말씀 읽기 욘 2:1-10

생각 나누기

01 요나는 왜 니느웨를 구원하시려는 하나님의 계획에 반대했습니까?

02 하나님은 영적으로 깊은 잠에 빠진 요나를 어떻게 깨우셨습니까?

03 하나님은 어떻게 다시 기도할 것을 명하십니까?

III

적극적으로 전도하는 구역

Date.

chapter 13

적극적인 전도

성경 | 마 3:1-2(p.3)

찬송 | 185(통179), 505(통268)

마음 열기

미국의 선교사님들은 한국에 와서 적극적인 전도를 했었습니다. 그중 마펫 목사님은 평양성에서 부흥회를 열었습니다. 이때 많은 사람이 이 부흥회에 참석하여 울며 회개함으로써 그리스도인들이 더욱 많아졌습니다. 많은 사람이 교회에서 자신의 죄를 고백하고 있다는 소문을 들은 한 포졸은 사복을 입고 교회에 들어와 예배에 참석했습니다. 그는 통성기도 시간에 누가 죄를 지었다고 자복하면 그것을 듣고 그의 죄를 물을 생각이었습니다. 하지만 막상 마펫 목사님의 설교가 시작되자 그의 마음이 흔들리기 시작했습니다. 그는 말씀 가운데 자신의 죄를 위해 죽으신 예수 그리스도에 관한 설교를 듣고 결국 자신도 눈물을 흘리며 거듭나는 축복을 얻게 되었습니다. 이후 그는 다른 사람의 죄를 찾는 자가 아닌 자신의 죄를 고백하는 자가 되어 복음 전도에 열심을 갖는 사람으로 변화되었습니다. 평양 대부흥 운동 후 복음은 더욱 더 커지기 시작했습니다.

전도는 하나님께서 성도에게 위임해 주신 사명입니다. 세례 요한은 하나님께서 주신 이 사명을 힘을 다해 수행했습니다. 그는 어떻게 자신이 맡은 이 사명을 감당했을까요?

1. 자신의 신분을 내려놓았습니다.

세례 요한은 제사장의 아들로서 이미 미래를 보장받을 수 있는 위치라고 할 수 있습니다. 만약 그가 자신의 지위를 지키고자 하였다면 남은 생애를 평안하게 보낼 수 있었을 것입니다. 하지만 그는 예수 그리스도를 위해 자신의 지위를 내려놓았고 고난도 자처하였습니다. 그리고 오직 주의 길을 예비하는 광야의 소리가 되었습니다. 백성들은 그의 소리를 듣고 찔림을 받아 죄를 자복하고 세례를 받았습니다.

우리 역시 주님을 위해 헌신하기를 원한다면 우리가 가지고 있는 특권과 신분을 모두 내려놓고 고난도 자처하며 오직 주님이 기뻐하시는 일을 향해 나아가야 할 것입니다.

말씀 읽기 마 3:1-3

2. 두려움이 없었습니다.

세례 요한은 사람의 눈치를 보지 않았습니다. 그는 오직 주께서 그에게 주신 사명에만 관심을 가질 뿐이었습니다. 당시 바리새인과 사두개인은 종교와 정치를 잡고 있던 권력자들이었습니다. 하지만 세례 요한은 그들의 죄를 지적하기에 두려움이 없었습니다. 세례 요한은 그들에게 진노가 임박했으니 회개에 합당한 열매를 맺으라고 하였습니다. 그들의 위선적인 회개를 용납하지 않았던 것입니다.

우리 역시 주님의 복음을 위해서는 두려움이 없어야 합니다. 사람들의 시선과 생각에 얽매이지 말고 오직 주님께서 전하라 하시는 복음을 전함으로 그들이 구원을 얻을 수 있도록 해야 할 것입니다.

말씀 읽기 마 3:7-10

3. 겸손히 주님만을 바라보았습니다.

세례 요한은 인기에 연연하지 않았습니다. 세례 요한에게 수많은 사람들의 관심이 몰렸습니다. 회개함으로써 그에게 나아와 세례를 받고자 하였습니다. 그의 인기는 절정에 있다고 할 수 있었습니다. 하지만 그는 정확히 자신의 위치를 알고 있었습니다. 그는 고백합니다.

"나는 너희로 회개케 하기 위하여 물로 세례를 주거니와 내 뒤에 오시는 이는 나보다 능력이 많으시니 나는 그의 신을 들기도 감당치 못하겠노라"

사람들의 관심을 자신이 아닌 그리스도께로 돌렸습니다. 사람들은 그를 그리스도로 여기기도 하고, 메시아로 여기기도 하였습니다. 하지만 그는 철저히 자신을 부인하며 오직 예수 그리스도를 높이기를 원했습니다. 우리가 예수님을 사랑한다면 오직 예수님을 높이기에 힘써야 할 것입니다.

말씀 읽기 마 3:11

생각 나누기

01 세례 요한은 왜 자신의 신분을 내려놓고 고난을 자처했습니까?

02 세례 요한이 두려워한 분은 누구라고 생각합니까?

03 세례 요한은 왜 자신을 높일 수 있는 기회를 버렸습니까?

Date.

chapter 14

공격적인 전도

성경 | 눅 4:28-30(p.95)

찬송 | 191(통427), 449(통377)

마음 열기

어느 날 낯선 도시에 처음 방문한 세일즈맨은 호텔에 빈방이 없어 당황하고 있었습니다. 그때 옆에 한 신사가 자신은 침대가 둘이 있으니 원한다면 같이 쓸 수 있다고 하였습니다. 그는 이 호의를 고맙게 받아들였습니다. 잠자리에 들 시간에 그 신사는 자기 침대 앞에서 무릎을 꿇고 조그만 소리로 기도하였습니다. 그 기도는 자신과 한 밤을 보내게 된 젊은 사람을 축복하는 기도였습니다.

이튿날 아침, 신사는 젊은 세일즈맨에게 자신은 매일 아침 잠시 경건의 시간을 갖는데, 함께 참여할 수 있냐고 물었습니다. 자신에게 친절을 베풀고 자신을 위해 기도해 주었기에 그는 거절하지 못하고 함께 참여하였습니다. 그 신사는 경건의 시간을 통해 그 영혼을 그리스도 앞으로 지혜롭게 인도하였습니다. 새로운 감격으로 호텔방을 떠나 헤어지게 된 세일즈맨은 명함이라도 교환하자고 제안하였습니다. 그가 받은 명함에는 놀랍게도 "미국 국무장관, 윌리엄 제닝스 브라이언"이라고 써 있었습니다. 신실한 그리스도인의 삶 자체가 바로 전도입니다 .

예수님은 사람들이 아닌 믿지 않는 영혼들을 바라보셨습니다. 당시 예수님은 어떻게 전도하셨을까요?

1. 공격적으로 전도하셨습니다.

예수님은 40일 금식기도를 하신 후, 마귀에게 시험을 받으시고 승리하셨습니다. 이렇게 큰일을 겪게 되면 누구나 쉼을 갖게 되지만 예수님은 바로 전도의 길로 나아가셨습니다. 성령의 능력을 행하시고 말씀을 가르치셨습니다. 예수님의 소문은 더 크게 퍼졌습니다. 예수님은 드디어 고향 나사렛에 이르셨습니다. 하지만 사람들은 예수님을 목수 그 이상으로 인정하지 않았습니다. 따라서 완악한 마음을 가지고 예수님의 말씀을 비판하고자 하였습니다. 예수님은 그들의 마음을 다 아셨지만 복음을 전하기를 두려워하지 않으셨습니다. 복음을 전해야 하는 사명을 아셨기 때문입니다. 예수님은 자신을 미워하는 자들 앞에서도 담대히 복음을 전하셨습니다.

말씀 읽기 사 61:1

2. 절대 물러서지 않으셨습니다.

예수님은 자신을 적대시하며 분노의 마음을 표현하는 나사렛 사람들을 두려워하지 않으셨습니다. 그것은 하늘의 권세와 권능을 가지고 계셨기 때문입니다. 하나님의 아들이신 예수님이 두려워할 이유는 없었습니다. 예수님은 물러서지 않으시고 그들이 들어야 할 말을 전하셨습니다.

예수님은 복음이 구원을 주시는 하나님의 능력이 된다는 사실을 분명이 아셨기 때문입니다.

"내가 복음을 부끄러워하지 아니하노니 이 복음은 모든 믿는 자에게 구원을 주시는 하나님의 능력이 됨이라"(롬 1:16).

예수님은 담대히 나아가 복음을 전하며 그들의 완악함을 지적하셨습니다.

말씀 읽기 롬 1:16-19

3. 사람들을 두려워하지 않으셨습니다.

회당에서 예수님의 말씀을 듣고 있던 자들은 분노하여 모두 일어났습니다. 그리고 예수님을 죽이려고 산의 낭떠러지로 끌고 갔습니다. 이 일은 분명 살기가 가득한 모습으로 율법으로도, 당시 세상법이었던 로마 식민지 법으로도 옳지 않은 일이었습니다. 그럼에도 예수님은 그들을 두려워하지 않으셨습니다. 그들에게는 결코 예수님을 죽일 힘이 없다는 것을 아셨기 때문입니다. 전능하신 하나님의 아들이신 예수님에게 그들은 결코 해를 가할 수 없습니다.

오늘 우리도 복음을 전할 때 두려워하지 말아야 합니다. 하나님의 자녀인 우리를 위협할 수 없기 때문입니다.

말씀 읽기 신 32:10

생각 나누기

01 예수님이 공격적으로 전도하신 이유는 무엇입니까?

02 예수님이 아신 복음의 능력은 무엇입니까?

03 예수님이 사람들을 두려워하지 않으신 이유는 무엇입니까?

Date.

chapter 15

광범위적인 전도

성경 | 눅 8:1(p.103)

찬송 | 580(통371), 445(통502)

마음 열기

조선 시대에 여러 명의 미국 선교사들이 한국에 들어왔으나 왕성한 전도활동을 하지 못하고 있었습니다. 왜냐하면 조정에서 미국 목사님들에게 선교 활동을 하지 말라고 명했기 때문입니다. 조정은 항상 수십 명의 정보원을 숙소에 파견해 감시하였습니다. 당시 미국 목사님들 가족들은 정동, 지금의 미국 대사관 관저에 머물고 있었습니다.

하지만 이와 같은 명령에도 용감하게 전도하신 분이 있었습니다. 그분은 바로 장로교 선교사 언더우드 목사님이셨습니다. 그는 새문안, 종로, 청계천 지역을 다니시면서 노상에서 전도하곤 하였습니다. 물론 조정의 제재가 있기도 하였지만 그는 담대히 복음을 전파했습니다. 나아가 언더우드 목사님은 말을 타고 혼자서 임진강을 건너 황해도와 평안도의 평양으로 전도 여행을 떠났습니다. 당시 산골 곳곳에는 산적 떼들이 우글거렸습니다. 그래서 목사님은 장총과 권총을 소지하고 다녔습니다. 그러다가 산적 떼를 만나면 총을 공중에 쏴서 물리쳤고 동행하는 행인들을 보호하기도 했습니다. 이 일로 인해 황해도, 평안도 백성들이 복음을 믿기 시작했습니다. 이것이 바로 북한 전도의 첫걸음이었습니다. 물론 조정에서는 이런 사실을 모르고 있었다고 합니다.

예수님은 광범위적인 전도를 수행하셨습니다. 예수님은 어떻게 이런 전도를 행하셨을까요?

1. 광범위한 생각을 갖고 계셨습니다.

예수님은 나사렛에서 나오신 후 갈릴리 바다 연안 무역항이 있는 가버나움에 정착하셨습니다. 그래서 가버나움은 예수님의 제2의 고향이 되었습니다. 성경은 그곳을 "본 동네"라고 기록하였습니다. 그렇지만 예수님은 그곳 가버나움으로 찾아오는 사람들에게만 복음을 전하지 않으시고 친히 당신이 여러 곳을 찾아 다니시며 복음을 전하셨습니다. 아주 적극적인 전도의 개념을 갖고 계셨다고 볼 수 있습니다. 우리는 예수님처럼 내 동네, 내 교회, 내 교단이라는 좁은 틀에서 벗어나야 합니다. 이것이 예수님의 방법입니다. 이처럼 예수님은 각 성과 각 촌에 다니시며 하나님의 나라를 반포하셨습니다.

말씀 읽기 막 1:36

2. 종합적으로 전도하셨습니다.

예수님은 길거리에서 복음 선포하는 것에만 집중하지 않으셨습니다. 예수님은 각 성과 마을을 두루 다니셨습니다. 수많은 사람을 만나 때로는 개인적으로, 때로는 단체를 상대로 복음을 전하셨습니다. 그리고 기도도 하시고 악귀를 쫓아내시며 병을 치유하셨습니다. 예수님의 이런 모습은 수많은 사람의 마음을 사로잡았고 그들은 모두 예수님을 궁금해하였습니다.

우리 역시 전도에 있어서 사람들의 마음을 사로잡을 수 있도록 종합적으로 계획해야 할 것입니다. 접촉하는 수많은 사람의 마음을 얻을 수 있도록 그들의 고민과 필요에 관심을 갖고 접근해야 할 것입니다.

말씀 읽기 마 11:12

3. 조직적으로 전도하셨습니다.

예수님은 홀로 다니지 않으셨습니다. 제자들과 함께 다니시며 조직적으로 전도하셨습니다. 사람은 시간적으로나 공간적으로 제약을 갖고 있습니다. 우리는 동시에 여러 곳을 다니거나 수많은 사람을 동시에 접할 수 없기 때문입니다. 따라서 예수님은 제자들과 함께 이러한 약점을 극복하고자 하셨습니다. 함께 복음을 전하셨고 수많은 사람에게 진리를 가르치셨던 것입니다.

오늘날 우리도 마찬가지입니다. 아무리 능력이 있다 하더라도 목회자 홀로 모든 전도를 감당할 수 없습니다. 성도들도 함께 기도와 전도에 앞장서야 합니다. 가까운 곳에서부터 먼 곳까지 함께해야 합니다. 이것이 바로 주님께서 우리에게 주신 사명입니다.

말씀 읽기 마 28:19-20

생각 나누기

01 당신이 생각하는 전도 지역은 어디입니까? 그 이유는 무엇입니까?

02 우리의 전도 대상이 요청하는 필요는 무엇이라고 생각합니까?

03 우리가 조직적으로 전도해야 하는 이유는 무엇입니까?

Date.

chapter 16

전략적인 전도

성경 | 마 4:23-25(p.5)

찬송 | 449(통371), 585(통384)

마음 열기

인도의 성자라고 불리우는 썬다씽이 밀림지대에서 군인들에게 복음을 전할 때의 일입니다.
어느 날 군대의 연대장이 썬다씽이 허가를 받지 않고 복음을 전한다는 소식을 들었습니다. 그는 그를 잡아들이라 명하였습니다. 그는 잡아온 썬다씽을 때리고 더는 복음을 전하지 말라고 협박하였습니다. 하지만 썬다씽은 침묵할 뿐 대답하지 않았습니다. 화가 난 그는 돼지우리 같은 지저분한 곳에 옷을 다 벗기고 던져두었습니다. 밤새 모기에게 뜯기도록 하기 위함이었습니다. 그런데 썬다씽은 그런 곳에서도 밤새 찬양을 불렀습니다.
연대장은 그 모습을 보고 감동하였습니다. 그는 예수가 누군지는 모르지만 그처럼 고통 중에도 찬송을 부르게 하는 힘을 준다면 자신도 예수를 믿어 보겠다고 결심하였습니다. 그는 곧 썬다씽에게 이 사실을 고하고 신자가 되었습니다.

예수님은 전략적인 전도를 하셨습니다. 전도는 계획이 필요합니다. 예수님은 바로 이러한 모습을 우리에게 보여 주셨습니다.

1. 전략 기점으로 가버나움을 택하셨습니다.

예수님은 나사렛에서 배척을 당하신 후 가버나움으로 오시게 되었습니다. 가버나움은 도시의 여러 가지 특성을 갖고 있었습니다. 먼저 그곳은 베드로, 안드레, 야고보, 요한 등이 살고 있었던 어업의 중심지였습니다. 그리고 이곳은 국경의 도시여서 백부장과 그의 부대가 머물고 있었습니다. 백부장은 이곳에 회당을 건립해 주기도 했던 인물이었습니다.

또한 이곳은 무역의 중심지였습니다. 각국의 국경이 맞대고 있는 지역이어서 무역상들이 이곳을 찾을 수밖에 없었습니다. 그러다 보니 이곳에는 자연히 세관이 있을 수밖에 없었고, 마태가 그 세관으로 있다가 주님의 부르심을 받아 사도가 되었습니다. 그리고 문화적으로도 개방적인 요소가 있었습니다.

이처럼 갈릴리 가버나움의 문화적 개방성 때문에 예수님의 복음 전도가 활발하게 이뤄지게 되었던 것입니다.

말씀 읽기 마 8:5-13

2. 갈릴리 바다가 큰 도움이 되었습니다.

갈릴리 지방의 바다는 이스라엘 교통의 중심이었습니다. 예수님에 관한 소문이 퍼지자 수많은 사람이 갈릴리 바다를 건너 찾아왔습니다. 당시 갈릴리 바다를 끼고 여러 나라가 있었고, 수리아(시리아) 사람들은 예수님이 병을 고치고 복음을 전한다는 소문을 듣고 갈릴리 바다를 건너 국경 통과세를 내고 가버나움의 예수님을 찾아왔습니다. 갈릴리의 북쪽 레바논(시돈)에서도 외국인들이 찾아왔고, 갈릴리 바다 동쪽에 위치한 데가볼리에서도 왔습니다. 이것은 대단한 사건이 아닐 수 없습니다. 유대인들은 이방인, 외국인들과 상종을 안 하는데 엄청난 이방인들이 예수님을 찾아왔었던 것입니다.

이 소문이 남부 양반의 땅 유대까지 퍼지자 유대의 사람들이 이 사실을 확인하기 위해서 갈릴리로 내려왔습니다. 유대의 사람들도 예수님을 믿게 되었고 인근의 많은 이방인도 예수님을 믿게 되었습니다. 참으로 놀라운 역사였습니다. 예수님의 복음 열풍이 중동 아시아를 강타하고 있었던 것입니다. 이만큼 갈릴리 지역은 아주 중요했습니다.

말씀 읽기 마 4:15-16

3. 전도의 전략을 실천하셨습니다.

예수님은 유대인은 물론 이방인들을 사랑하셨으므로 그들에게도 복음을 전파하시기로 작정하셨습니다. 그 장소가 바로 갈릴리의 가버나움이었습니다. 하나님은 우리는 물론 불신자들도 사랑하고 계십니다. 이 뜻을 받들기 위해 세상에서 복음 전도를 해야 합니다. 따라서 우리는 전도 전략을 구역의 형편에 맞게 짜서 실천해야 합니다. 쉽지는 않겠지만 하다 보면 길이 열릴 것입니다. 전도 전략이 중요합니다. 전도는 효과적으로 해야 합니다. 우리는 신령한 지혜로 영혼을 구하는 데 앞장서야 합니다. 예수님이 가버나움을 중요시 여기셨던 것처럼 말입니다. 하나님은 우리의 믿음을 보시고 많은 세상 사람을 구역과 교회로 보내 주실 것입니다. 우리는 먼저 기도하며 준비해야 합니다.

말씀 읽기 마 25:21

생각 나누기

01 예수님이 가버나움을 전략 기점으로 삼으신 이유는 무엇입니까?

02 갈릴리 바다는 전도의 교통 요지였습니다. 우리가 생각하는 최선의 교통 요지는 어디라고 생각합니까?

03 우리의 형편에 맞는 전도 전략은 무엇이라고 생각합니까?

Date.

chapter 17

전도의 사명

성경 | 행 5:42(p.196)

찬송 | 3312(통341), 430(통458)

마음 열기

"나의 사명은 이 세상에 하나님의 발자욱을 남기는 것이다."

1950년대 선교의 영웅 짐 엘리어트가 정글에서 피를 흘린 후 발견된 그의 일기장에 이런 말이 적혀 있었습니다.

"결코 놓쳐서는 안 되는 일, 그것을 위하여 결국 끝까지 붙들고 있을 수 없는 그것들을 버리는 사람, 그는 결코 어리석은 사람이 아니다."

이 역사 속에서 하나님의 위대한 발자취를 남기기 위해서, 하나님께 쓰임 받는 삶을 살기 위해서 청춘과 부와 명예와 권력을 버릴 수 있는 사람은 결코 어리석지 않다는 것입니다.

그는 계속해서 이렇게 고백합니다.

"주님, 오래 살기를 구하지 않습니다. 다만 주님을 위해서 내 삶이 불타기를 원합니다."

그는 자신의 사명이 무엇인지 아는 사람이었습니다.

예루살렘 교회의 사명은 전도였습니다. 그들은 예수님이 명령하신 전도를 철저히 수행했습니다. 예루살렘 교회는 어떻게 그 명령을 지킬 수 있었을까요?

1. 고난 가운데서도 멈추지 않았습니다.

예루살렘 교회는 무서운 핍박을 맞이했습니다. 예수님을 믿는다고 감옥에 갇히거나 형벌을 받기도 하였던 것입니다. 당시 실권을 잡고 있던 제사장들과 사두개인들은 예수님의 말씀을 가르치는 것을 미워하고 방해하였습니다. 그럼에도 그들은 두려워하지 않았습니다. 날마다 성전에 있든지 집에 있든지 예수님을 그리스도라 가르치고 전도하기를 그치지 않았습니다. 그렇습니다. 예루살렘 교회는 예수님으로 참된 기쁨을 얻었기 때문에 육체적인 고난이 더는 두렵지 않았던 것입니다.

말씀 읽기 행 16:22-25

2. 주 안에서 강했습니다.

사도들은 실패를 반복하지 않기 위해서 어떤 어려움을 만나도 기도하며 찬송했습니다. 일사불란의 각오로 주님의 복음을 전파했습니다. 더는 예전의 비겁한 사도들이 아니었습니다. 사도들은 시험과 고통과 핍박을 당해도 오히려 기뻐했고, 예수님의 이름으로 고난받는 것을 기뻐했습니다. 이 모습을 본 실권자들은 더 이상 어떻게 할 수가 없었습니다. 사도들은 온 힘을 다해 복음을 전파하였습니다.

우리나라 역사를 봐도 이러한 일이 반복되는 것을 알 수 있습니다. 일제 시대에 기독교를 말살하려던 그들의 정책은 실패하고 말았습니다. 바로 천지를 창조하신 하나님이 힘을 주셨기 때문입니다. 한국 교회는 기도하는 교회, 전도하는 교회입니다. 우리는 하나님의 보호하심을 늘 누리며 살았습니다. 우리 역시 예루살렘 교회와 같이 후대에 남길 수 있도록 전도에 힘써야 합니다. 우리는 전도가 살아 있는 교회가 되어야 합니다. 전도를 하지 않으면 죽은 교회가 되고 맙니다.

말씀 읽기 행 13:46

3. 교회 부흥을 이루었습니다.

교회 부흥의 교과서는 성경입니다. 성경에 교회 부흥의 원리가 모두 나와 있습니다.

"전도하기를 쉬지 아니하니라"

우리는 이 말씀과 같이 쉬임 없이 전도해야 합니다. 그럴 때 교회가 부흥합니다. 사무엘 선지자는 기도하기를 쉬는 죄를 범하지 않겠다고 했습니다(삼상 12:23). 이처럼 우리는 매일 기도하며 전도해야 합니다. 만일 전 구역원이 이렇게 힘을 다해 전도를 한다면 교회는 곧 믿는 자로 가득하게 될 것입니다.

말씀 읽기 행 2:7

생각 나누기

01 예루살렘 교회는 어떻게 전도 사명을 수행하였습니까?

02 우리가 전도하기를 위해 먼저 갖춰야 할 마음은 무엇이라고 생각합니까?

03 교회 부흥의 원리를 찾을 수 있는 곳은 어디입니까? 우리가 쉬임 없이 전도해야 하는 이유는 무엇입니까?

Date.

chapter 18

전도의 결과

성경 | 행 6:7(p.196)

찬송 | 212(통347), 421(통210)

마음 열기

아르헨티나 출신의 후안 카롤로스 목사님은 독특한 전도법을 갖고 있었습니다. 훈련을 시켜서 전도에 내보내는 것이 아니라 믿는 즉시 전도에 보냈던 것입니다. 목사님은 오래 믿은 신자라 해도 전도를 잘하는 것이 아니라고 하며, 교회 나온 지 1주일 밖에 안 된 사람이라도 그날 들은 설교 내용을 갖고 나가서 전도하라고 하였던 것입니다.

놀라운 일은 그렇게 나간 사람들이 정말 전도를 했다는 사실입니다. 이와 같은 놀라운 전도로 교회는 점점 왕성해졌습니다.

사람들은 이 전도법을 어떻게 만들었는지 궁금해 했습니다. 그래서 목사님께 직접 물어보았습니다.

"목사님, 이 전도 방법은 어떻게 만들어진 것입니까? 그 원리는 무엇입니까?"

목사님은 겸손히 웃으며 말씀하셨습니다.

"이 전도법은 제가 만든게 아닙니다. 바로 예수님이 시행하신 전도 방법입니다."

예루살렘 교회는 어떻게 성장할 수 있었을까요? 예루살렘 교회는 무엇을 중점으로 하고 있었을까요?

1. 하나님의 말씀입니다.

성경은 인간의 기록이 아닙니다. 바로 하나님 말씀의 기록입니다. 예루살렘에서 사도들은 복음 전도에 큰 어려움을 겪고 있었지만 그들은 이 점을 깨닫고 있었습니다. 하나님의 말씀에 온전히 집중할 때 문제 해결이 있을 거라는 사실입니다. 그들은 하나님의 말씀에 집중했고 결국 그 말씀이 점점 흥왕해졌습니다. 말씀을 들은 수많은 사람이 모두 주께로 돌아왔습니다. 말씀에 주의 권능이 있습니다. 하나님의 말씀을 믿는 자에게 하나님의 권능이 일어납니다. 말씀의 권세가 왕성하니 교회는 부흥되었고, 믿는 자들이 증가하게 되었습니다. 여기에 교회 부흥의 원리가 있습니다. 우리의 전도는 살아계신 하나님의 말씀을 사람들에게 전달하는 것에 중점을 두어야 합니다.

말씀 읽기 딤후 4:2

2. 제자의 숫자입니다.

예루살렘 교회에 놀라운 일이 벌어졌습니다. 바로 수많은 성도가 들어왔다는 점입니다. 분명 이것은 기쁘고 신나는 일이 아닐 수 없습니다. 그런데 여기 중요한 점이 있습니다. 성경이 수많은 사람에게 초점을 맞춘 것이 아니라 제자에 맞추고 있다는 점입니다. 수많은 사람이 모인 것에 흥분하지 말고 그들이 모두 주님을 따르는 제자가 되었다는 사실에 기뻐해야 합니다. 좋고 신기한 일이 있다면 사람들이 모이는 것은 당연합니다. 하지만 제자는 고난을 각오하고 주님의 말씀을 따르는 헌신된 자들을 가리킵니다. 예루살렘 교회는 다른 이들이 아니라 바로 제자의 숫자가 많아졌던 것입니다. 이 일은 모두가 진정으로 기뻐해야 할 즐거움이 아닐 수 없습니다. 헌신된 자들이 많아졌다는 것은 이제 교회가 부흥으로 아니 더 나아가 전 세계를 향한 선교의 일꾼이 될 것이란 증거가 되기 때문입니다.

말씀 읽기 마 28:18-20

3. 변화입니다.

제사장들은 당시 종교를 이끄는 지도자들로서 사람들에게 권위를 인정받고 있던 자들이었습니다. 그들은 자신들의 지위를 지키고자 예수님을 핍박하였고 십자가에 못 박도록 청원하고 앞장섰습니다. 예루살렘 교회 사람들은 비록 그러했을지라도 그들을 미워하지 않고 복음을 전했습니다. 그들의 과거 모습이 아니라 변화될 그들의 미래를 보았기 때문입니다. 하나님은 그들의 기도에 응답하셨고 성령의 역사 가운데 변화의 소망이 이루어지게 되었습니다.

우리도 그들의 과거 행실이 아니라 앞으로 변화될 미래에 중점을 두어야 합니다. 말씀을 받은 그들이 그 말씀으로 인해 변화될 미래에 관심을 가지며 언제든지 소망으로 기도해야 합니다. 그럴 때 성령님이 그들의 마음에 감동을 주심으로 변화되는 역사가 일어나게 될 것입니다.

말씀 읽기 살전 2:9

생각 나누기

01 예루살렘 교회가 전도함에 있어서 가장 중점으로 두었던 사항은 무엇입니까?

02 우리가 교회 부흥을 위해 기도할 때 숫자보다 강조해야 할 부분은 무엇입니까?

03 예루살렘 교회는 과거의 이력이나 행실에 주의를 기울이기보다 변화될 그들의 모습을 소망했던 것을 볼 수 있습니다. 우리가 전도해야 할 대상에서 기대하는 변화는 무엇입니까?

IV

양육하는 구역

Date.

chapter 19

돌보시는 하나님

성경 | 창 41:38-39(구약 p.64)

찬송 | 28(통28), 312(통341)

마음 열기

남북전쟁이 한창이었던 1862년, 메릴랜드의 한 초소에서 북군의 한 병사가 남군의 한 병사를 조준하고 있었습니다. 방아쇠를 당기려는 순간, 남군 병사의 입에서 노래가 흘러나왔습니다.

"선한 목자 되신 우리 주 항상 인도하시고 푸른 풀밭 좋은 곳에서 우리 먹여 주소서 선한 목자 구세주여 항상 인도하소서 선한 목자 구세주여 항상 인도하소서."

감미로운 찬송이 달빛을 타고 울려 퍼졌습니다. 총을 겨누었던 북군 병사는 도저히 남군 병사를 쏠 수 없었습니다. 나중에 둘은 델라웨어 여객선에서 우연히 다시 만났는데, 그때도 남군 병사였던 사람은 여전히 복음성가를 부르고 있었습니다. 그 목소리를 기억하고 있었던 북군 병사가 물었습니다.

"오늘 밤도 같은 노래를 부르고 계시는군요? 당신은 누구십니까?"

"저는 아이라 생키(Ira Sankey)입니다."

북군 병사는 깜짝 놀랐습니다. 그는 무디와 함께 전도여행을 하면서 전국적인 명성을 얻고 있던 가스펠 가수였기 때문이었습니다. 하나님은 전쟁 중에도, 평안 중에도 우리를 보호하시고 인도하십니다.

우리는 돌보시는 하나님의 세밀한 은혜를 모두 헤아릴 수 없습니다. 우리는 그 큰 사랑의 이면에 있는 계획을 모두 알 수 없기 때문입니다. 하나님은 요셉을 어떻게 돌봐 주셨을까요?

1. 고난 중에도 사랑을 받게 하셨습니다.

요셉은 아버지 야곱에게 특별한 사랑을 받았습니다. 하지만 위에 있던 10명의 이복 형들은 그를 너무 질투했습니다. 형들은 아버지가 없던 틈을 타 무역상에게 동생을 팔아 버렸습니다. 야곱은 노예로 애굽 보디발 장군에게 팔리게 되었습니다. 노예 생활을 시작했던 요셉이 만일 미움을 받게 되었다면 그의 생명은 언제 그치게 될지 알 수 없는 일이었습니다. 하지만 그런 와중에도 하나님은 그로 사랑을 받게 하셨습니다. 하나님은 어떻게 하면 그의 생명을 지킬 수 있는지 너무 잘 아셨던 것입니다. 하나님은 오늘도 우리가 사랑받을 수 있도록 지켜 주십니다. 아무리 험한 곳에서 어려움을 겪고 있다 할지라도 우리를 향해 베푸시는 하나님의 사랑을 잊어서는 안 됩니다.

말씀 읽기 시 121:6

2. 혼자 두지 않으셨습니다.

요셉은 주인된 보디발의 아내의 유혹에 흔들리지 않았지만 그 일로 인해 고된 감옥 생활을 해야 했습니다. 누가 봐도 그의 인생은 고난의 연속이라 할 수 있을 것입니다. 하지만 하나님은 그를 홀로 두지 않으셨습니다. 언제나 그를 돌봐 주셔서 그가 하는 모든 일에 빈틈이 없게 하셨고, 사람들에게도 인정받게 하셨습니다.

우리가 비록 고난의 깊은 곳에 빠져 있게 되더라도 우리는 혼자가 아닙니다. 하나님이 우리와 함께하시기 때문입니다.

말씀 읽기 시 19:7

3. 사람들 앞에 세워 주십니다.

애굽 왕 바로는 요셉을 인정하였습니다. 그의 입에서 "이와 같이 하나님의 영에 감동된 사람을 우리가 어찌 찾을 수 있으리요"라는 말이 나올 정도였습니다. 그의 삶에서 성령님의 역사가 있었고 부인할 수 없는 증거가 되었기 때문입니다. 하나님은 요셉을 사람들 앞에서 세워 주시되 모두의 인정을 받아 완전하게 하셨습니다.

우리 역시 하나님의 돌보심의 은혜를 구역 식구들에게도 나누어 주어야 합니다. 새신자들에게도 사랑을 베풀고 함께함으로 흔들리지 않게 하고 세워 주어야 합니다. 그럴 때 구역은 든든히 세워질 것입니다.

말씀 읽기 창 45:7-8

생각 나누기

01 당신의 삶 속에서 받은 하나님의 은혜는 무엇입니까?

02 당신은 함께하시는 하나님을 느끼며 살고 있습니까?

03 우리 삶에서 누릴 수 있는 성령님의 은혜는 무엇입니까?

Date.

chapter 20

예수님의 양육

성경 | 요 21:7(p.185)

찬송 | 214(통349), 263(통197)

마음 열기

1960년대 초에 어떤 사업가가 사업이 잘 안 되어 힘들어 하고 있었습니다. 그는 고민을 하다가 기도원에 들어가 기도하기로 결단하였습니다. 그는 온 마음을 다해 하나님께 기도하였습니다.

그런데 환상 중에 갑자기 153 글자가 보이는 것이 아닙니까!

그는 기도원 목사님께 그 의미를 물었습니다. 목사님은 거침없이 성경을 펼쳐 요한복음 21장 11절을 보여 주셨습니다. 그의 눈에 "가득히 찬 큰 물고기가 백쉰세 마리라"는 글자와 "이같이 많으나 그물이 찢어지지 아니하였더라"라는 글자가 들어왔습니다. 큰 감명을 받은 그는 돌아가 화학 사업을 일으켰습니다.

그는 후에 성공하여 서울 뚝섬에 모나미 볼펜 공장을 세웠습니다. 그가 모나미 볼펜 케이스에 153이라고 글자를 새긴 이유가 여기 있습니다. 모나미 볼펜이 나온 지 60년이 넘었지만 아직도 유명한 이유가 여기에 있습니다. 이 모두가 하나님의 은혜였습니다.

사람을 세우는 양육은 가장 어려운 일이라 할 수 있습니다. 예수님은 양육의 원조이십니다. 그렇다면 예수님은 어떻게 양육하셨을까요?

1. 직접 찾아가셨습니다.

예수님은 우리의 죄를 위해 십자가에 못 박혀 죽으셨습니다. 예수님은 먼저 제자들에게 자신의 고난과 죽음 그리고 부활을 말씀하셨지만 슬픔이 너무 컸던 제자들은 그 말씀을 기억조차 하지 못했습니다. 제자들은 모든 것을 포기하고 유대를 떠나 갈릴리로 가서 그물을 던지며 고기를 잡고 있었습니다. 그것은 제자들의 본업이 어부였기 때문입니다. 이제 무엇을 의지하며 살아가야 할지 몰랐기 때문입니다. 갈릴리 어부들은 밤에 그물을 던졌습니다. 낮에는 고기를 잡을 수 없기 때문이었습니다. 하지만 제자들은 밤새도록 아무것도 잡지 못했습니다. 그런 실망의 현장에 예수님이 찾아오셨습니다. 얼마나 큰 위로와 힘이 되었을까요? 우리도 양육을 위해서는 먼저 찾아가야 합니다. 그들이 아파하는 현장, 힘들어 하는 현장으로 가서 위로를 전해야 합니다.

말씀 읽기 요 20:29

2. 믿음을 떠올리도록 하셨습니다.

예수님은 지친 제자들에게 우편에 그물을 던지라고 말씀하셨습니다. 무심코 그 말을 들은 제자들은 그쪽을 향해 그물을 던졌습니다. 그런데 놀랍게 153마리가 잡혔습니다. 이 사건은 과거 그들이 예수님을 만났던 일을 떠올리게 하였습니다. 그들은 물고기를 잡던 현장에서 예수님을 만났고 놀라운 말씀에 복종하여 제자가 되었던 것입니다. 그들에게 그물을 던지는 현장은 바로 믿음의 시작점이었다고 할 수 있습니다. 이렇듯 심방은 다시금 믿음을 세우는 현장으로 데려가야 합니다. 제자들도 과거 믿음을 세웠던 그 현장에서 다시 새로운 힘을 얻을 수 있었습니다.

말씀 읽기 요 21:11

3. 예수님을 따르게 하셨습니다.

예수님은 제자들과 함께 생선을 구워서 함께 드셨습니다. 이는 부활하신 예수님이 환상이 아니라는 사실을 증명하기에 충분했습니다. 예수님은 조반을 드신 후에 베드로에게 물으셨습니다.

"요한의 아들 시몬아 네가 이 사람들보다 나를 더 사랑하느냐"

예수님을 부인했던 베드로를 지적하는 아픈 말이었습니다. 베드로는 예수님께 "내가 주님을 사랑하는 줄 주님께서 아시나이다"라고 대답했습니다. 사실 예수님을 만난 후 그의 마음은 회개와 헌신으로 가득차게 되었던 것입니다.

예수님은 "내 어린 양을 먹이라"라고 말씀하시며 그에게 사명을 확인시켜 주셨습니다. 그리고 "나를 따르라"는 말씀으로 헌신을 실천하게 하셨습니다. 여기에 바로 양육의 원리가 있습니다. 우리는 직접 찾아가 다시금 믿음을 떠올리도록 돕고 예수님을 따를 수 있도록 도와야 합니다. 주의 일은 사소한 작은 관심에서 시작됩니다. 우리가 관심을 주고 연약한 자들을 세울 때 교회와 구역은 든든해질 것입니다.

말씀 읽기 눅 24:36-39

생각 나누기

01 우리가 연약한 자들을 양육하기 위해 직접 찾아가야 할 이유는 무엇입니까?

02 우리가 찾아가서 해야 할 가장 중요한 일은 무엇입니까?

03 연약한 자들이 다시금 힘을 내 예수님을 따르게 될 때 예상되는 교회와 구역의 효과는 무엇입니까?

Date.

chapter 21

베드로와 고넬료

성경 | 행 10:34-35(p.204)

찬송 | 279(통337), 302(통408)

마음 열기

미국에 가면 콜케이트라는 유명한 치약이 있습니다. 이 회사 사장님은 큰 화학회사를 운영하고 있는 재벌입니다. 그는 불우한 소년 시절을 보냈습니다. 어느 날 그는 집을 도망쳐 나왔습니다. 그리고 돈을 벌기 위해 뉴욕으로 가려고 했습니다. 문제는 강이 있어 배를 타고 건너야 한다는 것이었습니다. 하지만 그에게는 돈이 없었습니다. 그는 사공에게 요청했습니다.

"제가 성공하여 돌아오면 갚을 테니 외상으로 태워 주세요."

사공은 당돌한 소년의 말을 듣고 강을 건네주었습니다. 그리고 다음과 같은 말을 해 주었습니다.

"네가 부자가 되고 싶다면 딱 두 가지를 지켜야 해.

첫째, 주일 성수를 해라. 둘째, 십일조를 드려라."

소년은 이 말을 듣고 그곳을 떠나 뉴욕 브루클린 다리 밑에서 막노동을 시작했습니다. 그는 이 말을 지키기 시작했습니다. 먼 훗날 그는 콜케이트 치약 회사의 회장이 되었습니다.

유대인들은 로마인들을 좋아하지 않았습니다. 그들을 지배하고 있기 때문이기도 했지만 그들의 관습이 외국인들과 상종하지 않았기 때문이기도 했습니다. 그들은 외국인을 '할례 없는 자'라고 하며 교제도 식사도 하지 않았습니다. 만일 이를 어기게 되면 출교를 당할 수도 있었습니다. 그렇기 때문에 고넬료 집에 방문한 베드로는 특별하다고 할 수 있습니다. 그는 왜 서슴없이 관습을 깰 수 있었을까요?

1. 하나님의 인도하심을 따랐기 때문입니다.

고넬료는 로마인으로서 군대를 이끄는 백부장이었지만 유대교에 귀의해 의로운 생활을 하고 있었습니다. 그는 모든 우상을 버리고 오직 하나님만을 섬기며 어려운 이웃을 구제하고 기도하는 신실한 신앙생활을 이어 오고 있었습니다. 그런 그에게 하나님의 계시가 있었습니다. 바로 하나님의 사자가 와서 욥바로 사람을 보내어 베드로라 하는 시몬을 청하라는 것이었습니다. 이처럼 베드로가 관습을 깨고 고넬료를 만날 수 있었던 것은 철저히 하나님의 인도하심에 따른 것이었습니다. 하나님의 인도하심을 따를 때 우리는 새로운 일을 행할 수 있게 됩니다.

말씀 읽기 롬 1:15-16

2. 하나님께서 설득하셨기 때문입니다.

만일 고넬료가 무작정 와서 베드로를 설득하려고 하였으면 그는 결코 고넬료 집에 방문하지 않았을 것입니다. 관습이 그를 철저히 막았을 것이기 때문입니다. 하지만 하나님은 기도하던 그에게 반복하여 환상을 보여 주셨고 그 가운데 "하나님께서 깨끗하게 하신 것을 네가 속되다 하지 말라"는 말씀을 하셨습니다. 이때 고넬료가 보낸 종이 도착하게 되었고 그 말씀이 고넬료를 위한 말씀임을 깨닫게 되자 베드로는 관습을 깨고 과감히 고넬료의 집으로 갈 수 있었습니다.

이처럼 오늘도 하나님은 부족한 우리를 설득하셔서 주님의 뜻을 행하도록 하십니다.

말씀 읽기 행 10:21-22

3. 이방인에게 성령이 임하셨기 때문입니다.

베드로는 그 종들을 따라 가이사랴로 갔지만, 여전히 해결되지 않은 부분이 있었습니다. 과연 이방인인 그가 하나님의 은총을 받을 수 있을까 하는 부분이었습니다. 그는 사도들을 대표하는 인물이었기 때문에 행동 하나하나가 조심스러웠습니다. 하지만 말씀을 전할 때 그들에게 성령이 임하게 되자 더는 주저할 수 없었습니다. 그는 드디어 그들에게 세례를 베풀며 믿음의 자녀로 인정하게 되었습니다.

우리도 민족적인 선입견, 믿음의 선입견을 버려야 합니다. 누구든

하나님을 믿으며 예수 그리스도로 인해 죄사함을 고백하고 세례를 받게 되면 그를 믿음의 자녀로 인정해야 합니다. 믿음에 있어서는 먼저 믿은 자라고 자랑할 것이 없습니다. 우리는 겸손히 먼저 믿은 자로서 나중에 믿은 새신자들을 보살피고 잘 인도해야 할 것입니다.

말씀 읽기 행 10:47-48

생각 나누기

01 베드로는 왜 고넬료의 집에 가는 것이 그렇게 조심스러웠습니까? 그의 행동이 갖는 의미는 무엇이었을까요?

02 하나님께서 우리의 선입견을 깨기 위해 설득하셨던 믿음의 사건이 있습니까?

03 성령이 임하셨다는 것은 무엇을 의미합니까? 우리가 교회에서 혹은 구역에서 선입견 없이 섬겨야 하는 일이 무엇일까요?

Date.

chapter 22

양육의 결과

성경 | 요 4:6-30(p.205)

찬송 | 351(통389), 412(통469)

마음 열기

롱펠로우는 미국의 시인으로 그의 시는 지금까지도 많은 사람에게 사랑받고 있습니다. 그는 하버드 대학에서 교수로 재직하고 있으면서도 낭만적인 사랑의 시를 썼습니다. 세월이 흘러 롱펠로우는 흰 머리가 되었지만 피부는 여전히 젊은이처럼 고왔습니다. 하루는 친구가 여전히 젊어 보이는 롱펠로우에게 이렇게 물었습니다.

"어쩌면 그렇게 젊어 보이지? 비결이 무엇인가?"

이 말을 들은 롱펠로우는 시선을 정원에 있는 커다란 나무쪽으로 옮기며 말했습니다.

"저 나무를 봐! 오래된 나무이지만 저렇게 꽃이 피고 열매도 맺지. 이 일이 가능한 것은 저 나무가 조금이라도 매일 성장하고 있기 때문이야. 나도 그래. 나이가 들었어도 매일매일 성장한다는 마음가짐으로 살아가고 있지!"

믿음은 성장해야 합니다. 믿음이 성장하지 않는다면 살아 있는 믿음이라고 볼 수 없습니다. 예수님은 믿음의 씨를 뿌리셨습니다. 그리고 그 믿음이 열매를 맺을 수 있도록 돌보셨습니다. 예수님이 보여 주신 양육은 어떠했을까요?

1. 관습과 신분을 뛰어넘으셨습니다.

당시 유대인들은 결코 사마리아 사람들을 상종하지 않았습니다. 과거 그들은 다른 지역에서 온 다른 민족으로 이스라엘에게 많은 해를 끼쳤었기 때문입니다. 오랜 시간이 지났지만 그들과의 좋지 않은 감정은 관습이 되어 버렸습니다. 유대인들은 그들과 말을 섞거나 행동을 같이하게 되면 부정하다고까지 여겼습니다. 하지만 예수님은 그녀의 영혼을 보셨습니다. 예수님은 관습도 신분도 뛰어넘어 친히 말을 걸어 주셨고 물을 요청하기까지 하셨습니다.

우리 역시 믿음을 양육시키기 위해 세상의 관습을 넘어 주님께서 보여 주신 친밀함으로 나아가야 할 것입니다.

말씀 읽기 요 4:9

2. 복음을 전하고 가르치셨습니다.

예수님은 그녀에게 복음으로 다가가셨습니다. 그녀가 모르고 있었던 복음을 전했고 부족한 것을 채워 주셨습니다. 그녀는 예수님과 말씀으로 영생을 알게 되었고, 예배를 깨닫고, 메시아를 알고 고백하게 되었습니다.

우리 역시 말씀으로 가르치고 양육해야 합니다. 주님의 말씀은 진리이자 우리가 가야 할 길을 보여 주는 등대와 같습니다. 말씀을 바르게 따라갈 때 우리는 잘못된 길로 가지 않으며 매일의 믿음이 성장하는 것을 체험하게 됩니다.

말씀 읽기 요 4:14

3. 행함으로 나아가게 하셨습니다.

예수님의 가르침은 생동감이 있습니다. 그녀의 궁금함을 끌어냈고 죄를 고백하게 하였습니다. 나아가 뜨거운 열정이 마음에 넘치게 하였습니다. 예수님의 가르침을 받은 여인은 더는 가만히 있을 수 없었습니다. 지금까지 사람들의 수군거리는 뒷담화가 두려워 피하여 홀로 다녔던 그녀는 이제 사람들을 찾아다니는 자가 되었고, 강력하게 그리스도를 증거하는 자가 되었습니다. 자신의 모든 것이었던 물동이를 내던지고 사람들을 찾아다니며 그리스도를 보았다고 증언하는 그녀의 목소리는 이제 확신에 찬 강력한 증거가 되었습니다.

양육의 결과는 전도입니다. 우물가에 있었던 사마리아 여인은 예수님의 양육을 받은 결과 강력한 전도자가 되었습니다. 우리도 연약한 자들을 섬기며 가르치게 될 때 그 역시 성장한 사람이 되어 강력한 전도자가 될 것입니다.

말씀 읽기 요 4:28-30

생각 나누기

01 예수님은 왜 유대인들이 꺼렸던 사마리아 여인과 이야기를 나누었습니까?

02 그리스도인으로 양육하기 위해 우리가 해야 할 일은 무엇입니까?

03 양육의 결과는 무엇으로 나타나야 합니까? 예수님이 우리에게 주신 교훈은 무엇입니까?

Date.

chapter 23

양육의 세계화

성경 | 롬 1:15-17(p.239)

찬송 | 350(통393), 432(통462)

마음 열기

어떤 영업사원이 판매할 수 있는 큰 건수를 놓쳐서 실망하고 있었습니다. 그는 회사에 돌아와 자신의 일을 한탄하며 직장 상사에게 말했습니다.

"물가로 말을 끌고 갈 수는 있지만, 말에게 물을 먹일 수는 없나 봅니다."

그러자 상사는 웃으며 말했습니다.

"내 말을 들어봐. 자네 일은 말에게 물을 먹이는 것이 아니라 말을 목마르게 하는 것이야."

복음을 전하는 일도 이와 같습니다. 우리의 삶이 예수 그리스도로 충만해져 있어서 복음을 알지 못하는 사람들로 하여금 복음에 대해 갈급함을 느끼도록 해야 합니다.

복음의 양육은 세계를 변화시켰습니다. 성령님이 함께하시는 복음의 권능이 모든 장벽을 허물었기 때문입니다. 그렇다면 바울은 이 복음을 어떻게 고백하고 있을까요?

1. 복음을 부끄러워하지 않았습니다.

사도 바울은 담대히 말하였습니다. 복음을 부끄러워하지 않았다고 말입니다. 사실 복음은 당시 믿는 자나 전하는 자나 모두에게 큰 어려움을 가져왔습니다. 사람들로부터 큰 핍박이 따랐기 때문입니다. 상황을 따른다면 아무도 모르게 혼자 믿음을 지키고 다른 사람들에게 예수님을 전혀 모르는 척해야 합니다. 하지만 바울은 복음을 부끄러워하지 않았습니다. 누가 예수님을 물어보면 설명해 주고, 우리가 어떻게 하면 구원을 받을지 어떻게 그리스도인으로 살아가야 하는지 말하고 다녔던 것입니다. 물론 복음을 부끄러워하지 않는 모습 때문에 그는 사람들로부터 불이익과 핍박을 받았습니다. 심지어 매까지도 맞고 감옥에 갇히기까지 고난을 당했습니다. 그는 정말 복음을 위해서는 자신의 모든 것을 내어놓더라도 부족하다고 생각했던 것입니다.

말씀 읽기 롬 1:16

2. 구원을 주시는 하나님의 능력임을 확신하였습니다.

사도 바울은 고난 중에도 담대히 복음을 전하며 복음을 위해 살았습니다. 그것은 이 복음이 구원을 주시는 하나님의 능력임을 확신하였기 때문입니다. 사람은 확신을 가질 때 거침없이 행동하게 됩니다. 자신의 행동이 틀리지 않았다는 것을 알기 때문입니다. 바울은 다른 사람들의 손가락질이나 비웃음에 마음을 두지 않았습니다. 구원을 주시는 하나님의 능력을 어떻게 거부하거나 전하지 않을 수 있을까요? 오늘 우리가 주님의 복음이 구원을 주시는 하나님의 능력임을 확신한다면 이제 어떠한 부끄러움이나 게으름을 내려놓고 주 앞에 나아가 담대히 복음을 붙들기를 소원합니다. 복음은 우리의 강력한 힘이요, 세상의 소망이 됩니다.

말씀 읽기 롬 1:16

3. 믿음으로 살게 된다고 확신하였습니다.

바울이 가진 확신은 오직 의인은 믿음으로 말미암아 산다는 것이었습니다. 우리는 그리스도인들로 주님이 없으면 살 수 없습니다. 오직 나를 구하신 주님의 은혜와 사랑을 바라보며 우리에게 주신 말씀 안에서 그의 뜻을 이루며 살아야 합니다. 세상이 다 무너지고 질서를 찾지 못하게 되더라도, 당장 생계를 놓아야 할 정도로 위협을 받게 될지라도 우리에게 주님이 계신다면 우리는 그 주님을 바라보며 믿음으로 살아갈 수 있게 됩니다. 이 믿음은 우리에게 힘이요, 권능이요, 살아갈 수 있는 힘입니다.

말씀 읽기 롬 1:17

생각 나누기

01 오늘 우리로 복음을 부끄럽게 하는 일은 무엇입니까?

02. 우리가 담대히 복음을 전할 수 있는 이유는 무엇입니까?

03 의인은 오직 믿음으로 산다는 말씀이 오늘날 우리에게 어떤 의미가 됩니까?

Date.

chapter 24

우리의 사명

성경 | 고전 1:1-10(p.286)

찬송 | 442(통499), 542(통340)

마음 열기

미국의 메사추세츠주에 있는 깡통 공장에서 견습공으로 있는 청년이 교회에 출석한 지 몇 주일이 지난 후, 목사님은 청년이 다니는 공장을 찾아갔습니다. 목사님은 그가 전에 매우 방탕했었던 사실을 기억하며 사장님께 물어 보았습니다.

"저 청년이 교회에 다닌 후 변화된 것이 있습니까?"

그러자 사장님은 벽에 걸린 쇠사슬을 가리키며 말했습니다.

"저것이 그 녀석을 묶어 놓고 일을 시키던 쇠사슬입니다. 그렇게 하지 않으면 안심할 수가 없었으니까요. 성질이 너무 고약했어요. 정말이지 전혀 가망이 없다고 생각했죠. 그런데 교회에 나가더니 완전히 딴사람이 되었어요. 지금은 견습공 중 제일 신뢰할 수 있게 되었답니다. 너무 감동적이에요."

그렇습니다. 복음은 사람을 변화시킵니다.

복음의 능력은 놀랍습니다. 불신자들이 처음에 신자의 인격과 언행을 보고 예수를 믿는다는 말이 있습니다. 그렇습니다. 그들은 처음에 그리스도인을 보고서 예수 그리스도를 믿습니다. 진리는 먼 데 있지 않고 가까운 데 있습니다. 그렇다면 우리의 사명은 무엇일까요?

1. 은혜와 평강입니다.

사도 바울은 고린도 교회를 향해 은혜와 평강을 구하였습니다. 은혜는 오직 하나님께서 베풀어 주시는 것으로, 우리가 오직 주 안에서 주님과 바른 관계를 갖고 있을 때 얻을 수 있습니다. 또한 평강은 은혜의 열매로서 모든 일이 잘되고 안녕한 상태를 가리킵니다. 고린도 교회는 언제나 사도 바울의 감사의 대상이 되었습니다. 그것은 언제나 은혜와 평강을 누리고 있었기 때문입니다.

오늘 우리 역시 주님 안에서 은혜와 평강을 누릴 수 있도록 해야 할 것입니다.

말씀 읽기 골 3:1

2. 주님의 말씀입니다.

고린도 교회는 지식이 풍족하여 그리스도의 증거가 견고하게 되고 모든 은사에 부족함이 없었다고 말합니다. 그것은 고린도 교회가 주님의 말씀을 배우고 가르치는 데 힘을 다했기 때문입니다. 하나님 말씀은 완전합니다. 그리고 정밀합니다. 하나님의 말씀은 우리에게 필요한 모든 것이 들어 있습니다. 우리가 하나님 말씀에 주의를 기울이며 온 힘을 다 할 때 교회와 구역은 성장하게 될 것입니다.

말씀 읽기 시 18:30

3. 그리스도를 소망하는 것입니다.

고린도 교회는 그리스도를 소망하는 교회였습니다. 그것도 그리스도께서 다시 나타나실 그날, 즉 마지막 날 심판주로 오실 날을 소망하였던 것입니다. 그렇기 때문에 모든 고난도 이겨 내며 기도함으로써 열심을 낼 수 있었던 것입니다. 우리 교회와 구역 역시 그리스도를 소망해야 합니다. 마지막 날 주님을 뵈올 때 우리는 기쁨으로 맞이해야 합니다. 주님은 우리 눈에서 눈물을 씻어 주시고 잘했다 칭찬해 주실 것입니다.

말씀 읽기 계 7:17

생각 나누기

01 우리 교회가, 구역이 가져야 할 사명은 무엇이라고 생각합니까?

02 우리가 주님의 말씀을 사모해야 하는 이유는 무엇입니까?

03 우리가 주님께서 다시 오실 그 날을 사모하게 될 때 세상을 바라보는 시각은 어떻게 변하게 되겠습니까?

V

새신자를 이해하는 구역

Date.

chapter 25

복음의 이해

성경 | 롬 3:25(p.243)

찬송 | 433(통490), 458(통513)

마음 열기

한 사과 장수 아주머니가 있었습니다. 수많은 교인이 찾아가 전도를 하려고 하였지만 아주머니의 마음을 돌릴 수 없었습니다. 그러던 어느 날 아주머니가 말끔하게 차려입고 교회에 나오는 것이 아닙니까! 교인들은 놀라서 어떻게 나오게 되었는 물어 보았습니다.

그러자 그분이 이렇게 대답했습니다.

"일주일에 세 번씩 저희 가게에 들르는 분이 계셨어요. 그분은 항상 못생기고 덜 싱싱한 사과를 사가셨죠. 저는 너무 미안해서 그분이 오셨을 때 추가로 사과를 몇 개 더 드렸어요. 그랬더니 그분이 하시는 말씀이 지금 당장 먹을 것이기 때문에 좀 못생겨도 괜찮다고 말씀하는 것이 아니겠어요? 저는 그때부터 그분에게 조금씩 존경심을 갖게 되었습니다. 그런데 어느 날 그분이 제게 예수님을 믿으라고 권하시잖아요. 저는 그분이 믿는 분을 저도 믿기 위해 두말없이 따라나섰어요."

교회에서 제대로 가르치지 않으면 오해할 부분이 많습니다. 오해는 불평을 낳고 그 불평은 교회에 분란을 일으키기도 합니다. 우리는 과연 무엇을 가르쳐야 할까요?

1. 예수님의 보혈을 가르쳐야 합니다.

교회는 사교클럽이 아닙니다. 마음에 맞는 자, 지위가 비슷한 자들이 모여 사귐을 갖는 곳이 아닙니다. 교회는 먼저 예수 그리스도의 보혈을 가르쳐야 합니다. 그것은 우리의 죄사함과 구원이 예수 그리스도께서 우리를 위해 흘리신 그 보혈의 피에 있기 때문입니다. 교회는 우리의 죄를 깨닫게 하며 이 죄를 위해 죽으신 예수 그리스도를 가르침으로써 복음의 은혜를 알게 해야 합니다.

말씀 읽기 롬 5:18

2. 화목제물이신 예수님을 가르쳐야 합니다.

화목제물이란 죄를 해결하기 위해 하나님께 바친 제물을 의미합니다. 예수 그리스도께서는 하나님의 아들이셨음에도 우리의 죄를 해결하기 위해 인간으로 오셨고 우리의 죄를 직접 담당하심으로 죄의 문제를 해결해 주셨습니다. 만일 우리에게 예수님이 없으셨다면 우리는 지금도 죄를 인해 고통을 당하고 있어야 할 것입니다. 그렇기 때문에 교회는 화목제물이신 예수 그리스도를 가르치고 그 구원의 은혜를 누리며 감사할 수 있게 해야 할 것입니다. 그렇게 될 때 우리의 삶은 언제나 기쁨으로 가득할 수 있게 될 것입니다.

말씀 읽기 엡 2:8

3. 예수 그리스도를 주님으로 시인해야 합니다.

주님이란 고백은 생각보다 큰 결단을 요구합니다. 주님이란 내 삶의 주인이시란 고백이요, 앞으로 내가 살아가야 할 이유가 되시는 분이란 뜻이기 때문입니다. 예수님은 우리를 구원하시기 위해 오셨고 자신을 내어놓으심으로 우리를 구원하셨습니다. 하나님의 아들이신 예수님의 죽음은 우리에게 구원의 소망이 되셨습니다. 그렇기 때문에 우리는 예수 그리스도를 주님으로 고백해야 합니다. 예수님은 오늘 우리가 살아가는 이유가 됩니다. 예수님으로 인해 우리가 살고 그로 인해 천국을 소망할 수 있기 때문입니다. 따라서 우리는 매일의 삶 속에서 예수 그리스도를 주님으로 고백하며 승리할 수 있도록 가르쳐야 합니다.

말씀 읽기 롬 10:9

생각 나누기

01 예수님은 왜 우리를 위해 피를 흘리셨습니까?

02 우리의 죄를 담당해 주신 예수님으로 인해 우리가 얻을 수 있는 것은 무엇입니까?

03 예수님을 나의 주님으로 고백하게 된다면 오늘 우리의 삶은 어떻게 변해야 할까요?

Date.

chapter 26

복음의 일꾼으로

성 경 | 엡 2:1-9(p.311)

찬 송 | 358(통400), 595(통372)

마음 열기

박관준이라는 평안도 만석꾼의 아들이 있었습니다. 그는 일찍이 주색에 빠져 세월을 허송하다가 병에 걸려 앓아눕게 되었습니다. 어떤 약을 써도 차도가 없었습니다. 그러던 어느 날 한 전도자가 그의 집을 방문하였습니다. 전도자는 절망에 빠진 그에게 예수님을 소개해 주었습니다. 예수님이 치유의 대가시요, 그분을 믿으면 구원을 얻는다는 말씀이었습니다. 전도자는 예수님에 관해 많은 말씀을 해 주었습니다. 그러자 그는 마음에 새로운 희망이 생기게 되었습니다. 그날 밤 그 가르침을 마음에 담고 고민하다 잠이 든 그는 갑자기 하나님의 음성을 듣게 되었습니다. 그 음성은 그의 삶을 바꿔 놓았습니다. 그 후로 그는 열심히 신앙생활을 하면서 공부하다가 서울로 와서 서울의전(현 서울의대)에 입학해 공부하고 평안도로 돌아와 병원을 개업하였습니다. 그는 하나님께 헌신하기로 한 그 결심대로 산간벽지 탄광촌으로 들어가 개원해 광부들과 그의 가족들에게 전도하였던 것입니다. 후에 그 지역에는 교회가 생길 수 있었습니다. 이 큰 역사가 한 명이 회개하여 복음의 일꾼으로 거듭난 이후 벌어진 일이었습니다.

하나님의 은혜는 놀랍습니다. 하나님은 그 크신 사랑으로 인해 우리를 위해 독생자 예수 그리스도를 보내셨기 때문입니다. 우리는 예수님 안에서 소망을 얻고 다시금 복음의 일꾼으로 나설 수 있게 되었습니다. 우리가 복음의 일꾼으로 힘을 얻을 수 있는 이유는 무엇입니까? 우리는 무엇을 기억해야 합니까?

1. 우리를 구원하신 그 은혜입니다.

바울은 에베소 교인을 향해 그들이 죽음 가운데 있었음을 말합니다. 그들의 죽음은 생명의 근원이신 하나님을 떠나 거역하고 세상의 풍조를 따라 타락한 세상의 사고방식과 가치 가운데 살았기 때문입니다. 이들의 삶에서는 전혀 소망을 찾을 수 없습니다. 그런 그들에게 소망이 생겼습니다. 그것은 바로 예수 그리스도께서 허물과 죄로 죽었던 그들을 살리셨기 때문입니다.

이 은혜는 우리에게도 동일하게 적용됩니다. 우리 역시 세상에서 하나님을 등지고 타락한 세상의 사고방식과 가치 속에 죄를 지으며 살았기 때문입니다. 우리의 삶은 죽음을 향해 나아가고 있었던 것입니다. 하지만 예수 그리스도는 우리를 살리심으로 소망을 주셨습니다. 우리는 이 은혜를 돌아보며 감사드려야 합니다. 주님이 우리의 참된 소망이 되어 주셨습니다.

말씀 읽기 엡 2:1

2. 변화된 신분입니다.

바울은 에베소 교인들이 '공중의 권세 잡은 자', 즉 '불순종의 아들들 가운데서 역사하는 영'을 따랐었다고 말합니다. 이것은 과거의 신분을 가리키는 말입니다. 이전에는 마귀의 종으로 살았지만 그리스도의 은혜로 하나님의 자녀가 되었습니다. 마귀는 하나님을 대적하는 자로, 최후 패배의 날이 오기까지 하나님을 대적하며 교회와 그리스도인들을 공격합니다. 하나님께 불순종하는 사람들 가운데 역사하면서 그들을 종으로 삼고 죄를 짓게 합니다. 우리는 그리스도의 은혜로 하나님의 자녀가 되었지만 여전히 죄의 유혹과 도전을 받고 살아가게 됩니다. 우리의 신분이 하나님의 자녀이기 때문입니다. 하나님을 대적하는 마귀는 우리를 그냥 두지 않을 것입니다. 우리는 하나님을 바라보며 끝까지 죄와 싸워야 할 것입니다.

말씀 읽기 약 4:7

3. 하나님의 선물입니다.

우리가 구원을 받고 하나님의 자녀가 되어 영원히 하나님과 거하게 되는 역사는 우리의 능력이 아니라 오직 하나님의 선물이라는 사실을 기억해야 합니다. 우리는 때때로 내가 이렇게 열심히 하니 충분히 자격을 갖췄을 거라는 착각을 하게 됩니다. 이는 바로 교만으로 나타납니다. 교회에 열심히 다닌 것, 열심히 봉사한 것은 내가 큰 사람이 되었다는 증거가 아닙니다. 우리가 열심히 주님을 위해 일하는 이유는 하나님께 받은 은혜에 감사하기 때문입니다. 그리고 매일 더 가까이 주님과 함께 동행하기 위함입니다. 우리는 우리가 받은 은혜가 하나님의 선물임을 기억하고 매일 하나님과 동행하며 그 은혜에 감사드리는 믿음 생활을 해야 할 것입니다.

말씀 읽기 엡 2:8-9

생각 나누기

01 우리가 우리를 구원하신 그 은혜를 날마다 기억해야 하는 이유는 무엇입니까?

02 우리가 변화된 새 신분에 맞게 살기 위해서는 어떻게 해야 하겠습니까?

03 우리가 하나님께 받은 은혜에 감사드리기 위해 주님께 드리는 헌신은 무엇입니까?

Date.

chapter 27

국가의 변화

성경 | 행 8:26-27(p.201)

찬송 | 327(통361), 569(통442)

마음 열기

랙스 박사는 런던의 동부 지역에서 38년간 목회하던 감리교 목사였습니다. 어느 날 그는 한 노인이 몹시 아프다는 이야기를 듣고 그 노인을 찾아갔습니다. 그러나 그 노인은 고개를 돌린 채 말 한마디조차 하지 않았습니다. 대화를 나누기 위하여 애쓰던 랙스 목사님은 냉랭한 난로와 바닥나기 시작한 식량을 알아챘습니다. 그 집을 나선 목사님은 두 덩어리의 양고기를 그 집에 배달해 주도록 주문하였습니다. 며칠 후 목사님은 또 그 집을 방문했습니다. 노인은 전보다는 약간 다정하게 대했습니다. 집으로 돌아가던 목사님은 또다시 양고기를 주문하였습니다. 세 번째 심방을 하게 되었을 때, 그 노인은 많이 달라졌습니다. 그 결과 랙스 목사님은 노인과 함께 기도할 수 있었습니다. 그 후 랙스 목사님은 설교 부탁을 받아 며칠 동안 런던을 떠났다가 돌아왔는데 그 노인이 죽었다는 사실을 알게 되었습니다. 그 노인은 목사님께 마지막 유언을 전해 달라고 부탁했습니다.

"랙스 목사님에게 전해 주십시오. 저는 곧 하나님께 돌아갑니다. 이처

> 럼 저를 변화시킨 것은 목사님의 설교가 아니라 목사님께서 저를 위해 사 주셨던 양고기였습니다."

복음의 능력은 사람을 변화시킵니다. 그리고 그 변화는 사람을 넘어 국가까지 이르기도 합니다. 본문은 한 사람의 변화로 국가와 역사가 변화된 실례를 보여 줍니다. 에디오피아는 고대 강국이었습니다. 구약 성경에 시바(에디오피아스바) 여왕이 솔로몬을 방문한 일이 있었습니다. 이 일 후 에디오피아는 하나님을 믿는 믿음을 갖게 되었습니다. 그 후 많은 시간이 흘러 에디오피아 왕국의 한 내시가 예루살렘에 예배하러 왔다가 귀국하고 있었습니다. 그에게 과연 어떤 일이 있었을까요? 그 사건이 그와 그리고 나라에 어떤 영향을 끼쳤을까요?

1. 성령의 인도를 따랐습니다.

주님의 사자의 계시로 빌립은 가사 지방으로 내려가게 되었습니다. 그는 그곳에서 지나가는 에디오피아 사람, 즉 에디오피아 여왕 간다게의 모든 국고를 맡은 관리를 만나게 되었습니다. 그는 수레에서 이사야 성경을 읽다가 이해가 되지 않았습니다. 그 말씀은 예수님의 십자가에 대한 예언이었기에 이해하기 어려웠을 것입니다. 빌립은 성령의 인도로 그에게 다가가 그 글의 내용을 알 수 있냐고 물었습니다. 그는 이 말씀을 지도해 달라고 부탁했습니다. 그들의 만남은 모두 하나님의 섭리 안에 있었던 일입니다. 이 일로 에디오피아의 높은 관직에 있던 관리는 예수 그리스도의 깊은 진리를 깨달을 수 있었습니다.

하나님 말씀은 사람을 변화시키고 그 변화를 그가 있는 장소, 그가 속한 단체를 넘어 심지어 나라까지도 변화시키게 됩니다. 하나님은 그 관리를 통해 에디오피아를 복음으로 바꾸고 싶으셨던 것입니다. 우리 역시 성령에 민감하게 반응하며 하나님 말씀을 배우고 가르치는데 게을러서는 안 됩니다. 이 말씀이 사람과 나라를 변화시키기 때문입니다.

말씀 읽기 사 53:7-12

2. 하나님은 겸손한 자를 통해 역사하십니다.

은혜를 받은 에디오피아 관리는 놀랍게도 빌립에게 세례를 요청했습니다. 세례는 그가 온전히 예수님으로 인해 죄 사함을 요청하는 것이요, 주님의 제자로 이 땅을 살아가겠다는 헌신의 표시이기도 합니다. 그는 거리낌 없이 빌립에게 자신의 머리를 내밀었습니다. 자신의 지위를 모두 내려놓았던 것입니다.

하나님은 겸손한 자를 통해 역사하십니다. 에디오피아 관리는 자신이 받은 은혜를 과감하게 고백했고 행동으로 실천했습니다. 하나님은 우리 역시 은혜 아래 겸손하기를 원하십니다. 우리가 주님의 인도에 민감히 반응하고 주님께 겸손히 순종할 때 주님은 우리를 통해 역사하십니다. 우리가 겸손히 주님의 은혜에 순종하게 될 때 주님은 분명 우리를 주님의 위대한 일에 사용하실 것입니다.

말씀 읽기 행 8:31-40

3. 복음으로 놀라운 역사를 이루게 되었습니다.

하나님의 은혜는 놀랍습니다. 우리가 생각할 수 없는 일까지 세밀히 역사하시기 때문입니다. 에디오피아 관리는 세례를 받은 후 자신의 나라로 돌아갔습니다. 아마 그의 마음에는 이제 주님께 받은 사명을 실행해야 한다는 마음이 불타게 되었을 것입니다. 그는 돌아가 자신의 위치에서 할 수 있는 모든 방법으로 복음에 헌신하며 전도했을 것입니다. 그를 통한 복음의 작은 불씨는 에디오피아에 퍼져 주님께 헌신하는 사람들이 늘어나게 되었고, 결국 주님을 사랑하는 든든한 교회가 세워지게 되었습니다.

말씀 읽기 시 86:15-17

생각 나누기

01 에디오피아 관리는 어떻게 빌립을 만나게 되었습니까?

02 왜 에디오피아 관리는 빌립에게 세례를 요청했습니까?

03 에디오피아 관리는 어떻게 나라에 영향을 끼치게 되었습니까?

Date.

chapter 28

참 사랑

성경 | 약 2:1-9(p.372)

찬송 | 310(통410), 350(통393)

마음 열기

1960년대 미국에는 심한 인종차별이 있었습니다. 그것은 교회라고 예외가 아니었습니다. 어느 날 한 흑인이 백인이 다니는 교회에 가게 되었습니다. 아마 예배를 드리고자 하는 간절한 마음이 있었기 때문이었을 겁니다. 그런데 한 백인 교회 집사가 그를 들어오지 못하게 막아섰습니다. 그는 오히려 강하게 꾸짖으며 나가라고 말했습니다. 쫓겨난 그는 교회 근처에서 눈물을 흘리며 기도했습니다. 주님께 나아가는 길을 막은 그들 모습이 그를 너무 힘들게 했기 때문입니다. 그런데 기도하고 있던 그때 그에게 한 환상이 보였습니다.

예수님이 그의 앞에 나타나신 것이 아닙니까! 예수님은 그를 위로하며 말씀하셨습니다.

"나도 저 교회에 들어가지 못한단다."

이 말씀을 들은 그는 눈물을 거두고 이렇게 고백했습니다.

"예수님이 안 계시는 교회면 제가 들어갈 필요가 없겠군요."

우리는 모든 사람을 사랑해야 합니다. 주님은 "새 계명을 너희에게 주노니 서로 사랑하라 내가 너희를 사랑한 것 같이 너희도 서로 사랑하라"(요 13:34)고 말씀하셨습니다. 우리는 어떻게 사랑해야 할까요?

1. 차별하지 말아야 합니다.

어느 시대나 빈부의 차이가 있기는 마련입니다. 초대 교회가 있던 시대도 그러했습니다. 야고보서를 기록한 사람은 바로 예수님의 동생인 야고보였습니다. 그는 평생 예루살렘 교회를 떠나지 아니하고 교회를 지키다가 순교를 당했습니다. 그는 교회 안에서 일어나고 있는 부조리를 목격하고 바로 예수님의 말씀으로 가르치고자 했습니다. 부자는 환대하고 가난한 사람에게 냉대하는 것은 주님이 원하시지 않는 행위라고 말입니다. 우리는 혹시 우리 안에 어떤 차별이 있다면 반드시 이를 고하고 금해야 합니다. 분명히 예수님은 예수님이 우리를 사랑한 것 같이 서로 사랑하라고 명하셨습니다. 이 말씀은 우리 교회에서, 구역에서 엄격히 지켜야 합니다.

말씀 읽기 요 13:34

2. 겸손히 자신을 낮춰야 합니다.

어느 시대나 부한 자가 있고 가난한 자가 있습니다. 만일 우리가 가진 것을 생각해서 우리가 자신을 높인다면 주님은 그가 천국에서 작은 자가 될 거라고 말씀하실 것입니다. 반대로 자신을 낮은 자로 여기며 다른 이를 섬기기에 앞장선다면 분명 주님은 큰 자라고 말씀하실 것입니다. 이것이 주님의 교회의 원리입니다. 우리는 자신을 낮춰야 합니다. 우리가 겸손히 낮춰 교회에서, 구역에서 봉사하게 된다면 주님은 그런 우리를 귀하게 바라보실 것입니다.

말씀 읽기 마 18:4

3. 섬김에 앞장서야 합니다.

자신을 높이고자 하는 자는 언제든 불편한 일은 다른 낮은 자에게 미루고자 하는 경향이 있습니다. 자신들은 그만한 지위와 물질과 영향력을 가졌다고 생각하기 때문입니다. 하지만 주님은 그런 그들의 모습을 인정하지 않으십니다. 우리가 이 땅에서는 큰 힘이 있다고 생각하겠지만 주님께서 우리 영혼을 부르신다면 어떻게 될까요? 우리는 분명 주님 앞에 엎드려 지난날 땅에서 한 일을 후회할 것입니다. 주님은 우리가 섬김에 앞장서기를 원하십니다. 우리가 주님을 사랑한다면 그리고 그 사랑을 실천하기를 원한다면 우리에게 주어진 많은 주님의 일들에 섬김으로 앞장서야 할 것입니다.

말씀 읽기 약 2:6-8

생각 나누기

01 우리가 사람을 차별하지 말아야 하는 이유는 무엇입니까?

02 우리가 겸손히 자신을 낮출 때 주님께 어떤 말씀을 들을 수 있습니까?

03 우리가 섬김에 앞장서야 할 이유는 무엇입니까?

Date.

chapter 29

낮추는 사람

성경 | 마 8:10(p.11)

찬송 | 218(통369), 524(통313)

마음 열기

조선 말에 미국의 남장로교 선교사님들이 전라남도 목포와 광주에 와서 선교하고 있었습니다. 광주의 한 선교사님이 열병으로 위독하다는 전보가 전해지자 의료로 선교하시던 선교사님이 목포에서 광주로 도보로 올라가다가 남평 드들강에 이르게 되었습니다. 그런데 그곳 나루터에 웬 거지 한 명이 죽어 가고 있었습니다. 선교사님은 그 거지를 치료하느라고 시간을 사용하였습니다. 그 후 그는 광주로 향해 갔습니다. 하지만 그가 광주에 도착했을 때 광주 선교사님은 세상을 떠나고 말았습니다. 조금만 더 일찍 왔더라도 살았을 것입니다. 하지만 선교사님은 거지라 하더라도 그 생명이 얼마나 귀한지 알고 계셨습니다. 그 생명을 살리고 후에 움직였기에 더는 기회가 없었던 것입니다. 하나님은 그의 헌신을 잊지 않으셨습니다. 그의 헌신으로 복음은 더 넓게 조선에 퍼지게 되었습니다.

예수님은 누구든지 어린 아이와 같이 자기를 낮추는 사람이 천국에서 큰 자라고 말씀하셨습니다(마 18:4). 예수님의 말씀은 신앙생활에서 중요한 진리로 작용됩니다. 예수님께 인정받은 백부장은 어떤 믿음을 가졌을까요?

1. 자존심까지 내려놓는 믿음이었습니다.

가버나움은 국경 도시로 로마군 수비대가 주둔하고 있었습니다. 예수님께 나아온 백부장은 백 명의 군사들을 인솔하는 대장입니다. 아마 그는 로마인으로 귀족의 자제일 가능성이 높습니다. 분명 자존심이 하늘을 찌를 만한 백부장이었음에도 그는 자신의 많은 노예들 중 한 사람을 위해 예수님께 나와 간구하였던 것입니다. 예수님은 그의 겸손과 사랑을 알아차리셨습니다. 예수님은 그를 시험하지 않으시고 바로 가서 고쳐 주리라고 말씀하셨습니다. 예수님은 이처럼 사랑 때문에 자존심까지 내려놓는 믿음을 인정하십니다. 우리가 진정 성도나 구역식구를 사랑하여서 그를 위해 자존심까지 내려놓을 수 있을까요? 만약 우리가 내려놓는다면 주님은 우리를 귀하게 보실 것입니다.

말씀 읽기 마 8:5-7

2. 배려하는 믿음이었습니다.

예수님은 백부장의 요청 속에서 그의 믿음을 보셨고 이에 기쁘게 응답하셨습니다. 그런데 백부장은 직접 가시겠다고 하는 그 말씀을 거절하였습니다. 왜 그랬을까요? 만약 예수님이 너무 당연하게 백부장의 집에 가서 병을 고쳐 주시게 된다면 예수님은 이스라엘 백성들로부터 큰 공격을 받게 될 것이 뻔합니다. 예수님이 권력에 아부를 했다는 소문이 멀리 퍼지게 될 것이고 따라서 이스라엘 백성들에게 분노의 눈초리를 받게 될 것입니다. 이에 백부장은 예수님이 직접 오시겠다는 그 말씀을 거둬 달라고 하였던 것입니다.

우리 역시 배려하는 믿음을 가져야 합니다. 아무리 나에게 유익이 된다고 하더라도 상대방에게 어려움이 된다면 필요를 요청해서는 안 됩니다. 예수님의 말씀과 같이 내가 대접을 받고자 하는대로 대접해야 합니다.

말씀 읽기 눅 6:31

3. 말씀을 신뢰하는 믿음이었습니다.

백부장은 온전히 예수님의 말씀을 신뢰했습니다. 그는 군인 출신답게 명령으로 움직이는 체계를 여기 치유 사역에 대입하였습니다. 치유의 권능이 있으신 예수님이 말씀만 하시면 그 말씀하신 그대로 될 줄 믿는다는 것입니다. 예수님이 말씀하신대로 이 만한 믿음을 이스라엘에서 찾아볼 수 없었습니다. 오늘 우리도 주님이 말씀하신 그대로 이루어질 것을 믿고 확신하는 믿음을 가져야 할 것입니다.

말씀 읽기 마 8:10

생각 나누기

01 백부장은 왜 자신의 자존심까지 내려놓고 예수님께 요청했습니까?

02 백부장이 예수님을 위해 배려한 것은 무엇입니까?

03 우리가 말씀을 신뢰하는 믿음으로 생활한다면 우리에게 어떤 변화가 있을까요?

Date.

chapter 30

사랑의 교회

성 경 | 행 2:44-47(p.190)

찬 송 | 380(통424), 261(통195)

마음 열기

미국 로터리 클럽에서 회원들이 6.25 직후 나병 환자 수용소에 방문했을 때의 이야기입니다. 미국 로터리 클럽에서 파견 나온 간호 선교사 한 사람이 고름이 흐르고 있는 나병 환자의 상처를 닦아 내고 있는 뜨거운 모습을 포착하였습니다. 한 사업가가 그 장면을 보고 사진기를 꺼내 사진을 찍으며 중얼거렸습니다.

"이것은 백만 불짜리 가치가 있는 사진이야. 하지만 나는 누가 나에게 백만 불을 주어도 이 일은 못할 거 같아."

이때 간호사가 그 사업가를 바라보며 이렇게 대답했습니다.

"저도 그 일을 못합니다."

그 대답에 당황하던 사업가는 말하였습니다.

"그렇다면 당신은 어떻게 그 일을 할 수 있었습니까?"

그러자 그녀는 이렇게 대답했습니다.

"그리스도의 사랑이 저를 강권하기 때문입니다."

예루살렘 교회는 역동적인 교회였습니다. 예수님의 부활과 승천 그리고 성령 체험까지 했으니 말할 필요도 없습니다. 하지만 예루살렘 교회는 역동성 그 이상의 특별함이 있었습니다. 예루살렘 교회는 어떤 교회였을까요?

1. 성령 충만한 교회였습니다..

마가의 다락방에 모인 백이십 명의 무리들은 약속하신 성령님을 기다리며 온 힘을 다해 기도하였습니다. 드디어 오순절 날이 이르러 강한 바람 소리와 함께 각 사람 위에 성령님이 임하심으로 성령 충만해지자 성령님이 말하심에 따라 다른 언어들로 말하기 시작했습니다. 예루살렘에 모인 사람들은 이 놀라운 사건에 귀를 기울였고 사도들은 이것이 생소한 것이 아닌 요엘 선지자의 예언에 따른 것이라며 확인시켜 주고, 그가 말한 바 주의 이름은 바로 예수 그리스도시라는 것을 강력히 증언하였습니다.

그 후 모인 사람들은 예수 그리스도의 이름으로 세례를 받으며 신도 수가 삼천이나 더하게 되었습니다. 교회는 성령 충만할 때 강력한 역사를 체험할 수 있습니다.

말씀 읽기 행 2:1-7

2. 말씀을 실천하는 교회였습니다.

예루살렘 교회는 부흥에 만족하는 것으로 그치지 않았습니다. 그들은 사도의 가르침을 따랐습니다. 그들은 사도들이 가르치는 대로 서로 교제하고 떡을 떼며 오로지 기도하기를 힘썼습니다. 이처럼 사도들의 가르침을 실천하였던 예루살렘 교회에 주님의 은혜와 사랑이 가득 넘치게 된 것은 너무도 당연합니다.

우리도 주님의 말씀에 따르기를 소망하고 그 배운 말씀대로 날마다 실천하기에 애쓴다면 우리 교회는, 우리 구역은 주님의 은혜와 사랑이 가득 넘치게 될 것입니다.

말씀 읽기 행 2:42

3. 사랑이 넘치는 교회였습니다.

예루살렘 교회는 은혜가 넘치게 되자 그 관심을 서로에게 주었습니다. 부족한 부분을 서로 나누고 도왔던 것입니다. 심지어 자신의 재산과 소유까지 팔아 필요한 사람들에게 나누어 줄 정도가 되었습니다. 넘치는 사랑의 소식은 이제 지역 주민들에게까지 알려지게 되었습니다. 예루살렘 교회는 모이면 찬양하고 구제하고 주의 말씀을 가르치기에 힘쓰니 날마다 구원의 소식이 넘치게 되었습니다.

이처럼 교회가 사랑이 넘쳐 그 소식이 온 지역에까지 퍼지게 될 때 교회와 구역은 부흥하게 되어 있습니다. 오늘 우리도 사랑이 넘치는 교회와 구역이 되기를 소망합니다.

말씀 읽기 행 2:45-47

생각 나누기

01 예루살렘 교회는 어떻게 성령 충만할 수 있었습니까?

02 예루살렘 교회가 말씀을 실천할 수 있게 된 계기는 무엇입니까?

03 교회와 구역에 넘치는 사랑의 소식이 끼치는 영향은 무엇이라고 생각합니까?

VI

불신자를 사랑하는 구역

Date.

chapter 31

두 은총

성경 | 단 4:1-3(구약 p.1237)

찬송 | 393(통447), 450(통376)

마음 열기

미국 피츠버그의 카네기 그림 전시장에 특별한 그림 하나가 있습니다. 사람들은 이 그림 앞에 한동안 머물면서 자신을 점검하곤 합니다. 이 그림에는 부활하신 예수님께서 엠마오를 지나던 두 제자에게 떡을 떼어 주시는 모습이 담겨 있습니다. 그런데 이 두 제자 앞에는 화가의 아내가 있는데, 그녀는 무릎을 꿇고 주님을 바라보고 있습니다. 그리고 화가는 그 옆에 자신의 모습도 그렸습니다. 그런데 이 모습이 독특합니다. 그는 뻣뻣이 서서 불신과 교만의 자세로 예수님을 등지고 있었던 것입니다. 이와 같은 그림은 하나님께 대한 인간의 태도를 보여 줍니다. 바로 무릎을 꿇고 하나님을 섬기는 사람과 불신과 교만으로 하나님을 등진 사람입니다. 당신은 어떤 사람입니까?

하나님은 느부갓네살 왕에게 특별한 은혜를 주셨습니다. 그것은 그가 자신을 돌아볼 수 있도록 미리 말씀하시고 권능으로 그를 다스리셨던 것입니다. 느부갓네살 왕에게 임한 하나님의 특별한 은혜는 무엇이었습니까?

1. 교만을 꺾으시는 은혜입니다.

느부갓네살은 바벨론 제국의 왕으로 당시 막강한 군사력을 가지고 있었습니다. 그가 가는 길은 거침이 없었습니다. 주변 모든 나라가 느부갓네살 왕을 두려워하였습니다. 그는 이제 두려움의 상징이 되었습니다. 하지만 하나님은 그를 그냥 내버려두지 않으셨습니다. 그에게 한 꿈을 꾸게 하심으로 오히려 그에게 두려움을 심어 주셨던 것입니다. 하나님은 다니엘로 하여금 그 꿈을 해석하게 하셨습니다. 그 꿈의 핵심은 바로 하나님이 그를 치시겠다는 것이었습니다. 느부갓네살은 이제 자신의 교만을 내려놓고 하나님을 인정하며 겸손하게 공의를 행해야 했습니다.

하나님은 교만을 꺾으시는 분입니다. 우리가 여전히 교만을 내려놓지 못하고 우리 자신을 자랑하고 높이기를 원한다면 하나님은 그 교만을 꺾으신다는 사실을 기억해야 합니다.

말씀 읽기 단 3:24-27

2. 깨닫게 하시는 은혜입니다.

우리가 만일 고난을 겪고도 그 일이 어디에서 왔는지 알지 못한다면 우리는 헛고생을 했다고 할 수 있습니다. 느부갓네살 왕이 엄청난 고난을 겪고도 아무것도 알지 못했다면 그냥 운 나쁘게 이런저런 일을 만났다고 떠벌렸을 것입니다. 하지만 하나님은 정확히 그에게 어떤 일이 일어날 것인지 보여 주셨고 그가 어떤 마음을 갖게 될 것인지 알게 하셨습니다. 그리고 그 일을 하나님의 영이 충만한 다니엘을 통해 말씀해 주셨던 것입니다. 이렇듯 느부갓네살 왕은 하나님의 세밀한 배려로 자신에게 일어나게 될 엄청난 일을 알게 되었고 그 일을 겪은 후 결단을 하게 되었습니다.

오늘 우리도 모든 일 가운데 역사하시는 하나님의 은혜를 깨닫게 해 달라고 기도해야 합니다.

말씀 읽기 단 3:30-33

3. 감사하게 하는 은혜입니다.

느부갓네살 왕은 정신을 회복하자마자 바로 하나님을 찬양하고 경배하였습니다. 그는 이제야 하나님이 진정한 권세자요, 그 권세가 영원하며 대대로 이른다는 사실을 깨달았기 때문입니다. 자신의 권세는 하나님 앞에서 너무 초라하다는 것을 알게 되자 오히려 하나님께 감사드렸습니다. 그에게 이러한 사실을 깨닫게 해 주신 은혜가 너무 컸기 때문입니다.

우리가 하나님의 권능을 깨닫게 된다면 우리 역시 느부갓네살 왕과 같이 겸손히 하나님을 찬양해야 합니다. 하나님만이 이런 은혜를 주실 수 있기 때문입니다. 오늘도 온전히 하나님만을 찬양할 수 있게 해 달라고 기도해야 할 것입니다.

말씀 읽기 단 3:34

생각 나누기

01 느부갓네살 왕의 교만이 꺾인 이유는 무엇입니까?

02 느부갓네살 왕이 깨달은 사실은 무엇입니까?

03 우리는 하나님께 온전히 감사를 드리기 위해 무엇을 해야 합니까?

Date.

chapter 32

하나님의 자녀

성경 | 마 15:26-27(p.26)

찬송 | 305(통405), 449(통377)

마음 열기

최선을 다해 그 일을 했지만 기대만큼의 결과를 얻지 못할 때가 많이 있습니다. 그럴 때 대부분의 사람들은 낙심합니다. 스코틀랜드에 있는 어떤 목사님은 열심히 주님의 일을 하는 사람이었습니다. 그럼에도 불구하고 일 년 동안 새로 나온 교인이라고는 로버트 모펫트라는 단 한 명의 소년뿐이었습니다. 교인들은 목사님에게 문제가 있는 게 아니냐고 수근거리기 시작했습니다. 그러던 어느 날 로버트라는 소년이 목사님을 찾아왔습니다.

"목사님, 제가 열심히 공부해서 복음을 전하는 전도자가 되겠어요."

이 말에 목사님은 다시 힘을 얻었습니다. 그후 로버트는 아프리카 선교사가 되어 수많은 영혼을 하나님 앞으로 인도했습니다. 맡은 자들에게 구할 것은 충성입니다.

예수님의 사랑은 우리의 상식과 관습을 뛰어넘습니다. 예수님은 어떻게 그 사랑을 실천하셨을까요?

1. 한계를 넘는 사랑을 보여 주셨습니다.

이스라엘 사람들은 이방인들과 교제를 하지 않았습니다. 이방인들은 구원과 먼 존재였습니다. 그런데 예수님이 두로와 시돈 지방으로 가셨습니다. 이곳은 헬라 문명이 지배적인 곳이었데, 그곳에 가나안 여자가 있었습니다. 이스라엘 사람이라면 당연히 그녀와 상종하지 않았을 것입니다. 예수님의 제자들도 그녀를 탐탁하게 생각지 않았습니다. 예수님의 모습에서도 친절함이 보이지는 않았습니다. 그럼에도 예수님은 이 모든 모습 속에 한계를 뛰어넘는 사랑을 보여 주셨습니다. 우리는 사람들이 인정하지 않는 사람들에게까지 복음을 전할 수 있어야 합니다.

말씀 읽기 롬 1:16-17

2. 우리가 누구인지를 알게 하셨습니다.

예수님은 도움을 요청하는 수로보니게 여인에게 그녀의 한계를 보여 주셨습니다. 그것은 바로 그녀가 하나님께 사랑받을 수 있는 이방인이라는 것이었습니다. 비록 사람들은 그녀가 이방인이기 때문에 사람 취급을 하지 않고 구원에서 버림받은 자라고 여겼지만 주님은 그녀가 주님 앞에 나올 수 있는 이유를 보여 주셨습니다. 그녀는 자신을 주인의 상을 바라보는 개처럼 여겼으며 오직 하나님의 은혜만이 그녀의 유일한 소망임을 말하였습니다. 예수님은 그녀의 믿음을 보시고 그녀를 받아들이셨습니다. 우리 역시 우리를 내려놓고 구원의 주인이신 주님을 온 마음을 다해 바라보아야 할 것입니다.

말씀 읽기 마 15:27

3. 믿음이 은혜의 이유임을 알게 하셨습니다.

예수님은 수로보니게 여인의 믿음을 칭찬하셨습니다. 예수님은 이미 그녀가 어떤 마음을 갖고 있는지 아셨습니다. 그렇기 때문에 그녀의 믿음을 고백할 수 있는 기회를 주셨던 것입니다. 믿음을 확인한 예수님은 그녀의 소원을 들어주셨습니다. 바로 그녀의 딸을 회복시켜 주신 것입니다. 우리는 우리의 믿음을 보시는 주님을 기억해야 합니다. 주님은 우리의 믿음을 먼저 보시고 우리가 요청하는 기도에 귀를 기울이십니다.

말씀 읽기 마 15:28

생각 나누기

01 예수님이 보여 주신 한계를 뛰어넘는 사랑은 무엇입니까?

02 우리는 오직 누구만을 바라보아야 합니까?

03 믿음을 보시는 주님 앞에서 우리는 어떻게 기도해야 할까요?

Date.

chapter 33

예비 신자

성경 | 행 28:28-31(p.238)

찬송 | 268(통202), 353(통391)

마음 열기

월터리드 미 육군병원에서 아이젠하워 대통령이 마지막 임종 순간을 맞이하기 얼마 전에 빌리 그래함 목사님이 병원을 방문했습니다. 30분의 면회시간이 다 되어 빌리 그래함 목사님이 나가려 하자, 아이젠하워 대통령은 그가 조금 더 있기를 바라면서 이렇게 말했습니다.

"하나님을 어떻게 만나야 할지 제게는 확신이 없습니다. 도와주십시오. 저의 마지막 부탁입니다."

그러자 빌리 그래함 목사님은 주머니 속에서 성경을 꺼내 어떻게 죄 사함을 받고, 어떻게 하나님의 자녀가 될 수 있는지에 대해서 진지하게 설명하여 주었습니다.

"구원은 무슨 업적이 있다거나 선행을 많이 해서 얻을 수 있는 것이 아닙니다. 우리의 모든 노력으로는 죄의 문제를 해결할 수 없기 때문에 하나님께서 독생자 예수를 보내 주셨습니다. 내 지난날의 모든 죄를 회개하고 예수 그리스도를 나의 구주로 영접하는 순간, 하나님의 자녀가 될 수 있습니다."

> 빌리 그래함 목사님의 인도로 그는 예수 그리스도를 구주로 영접했습니다. 영접기도를 마쳤을 때 아이젠하워가 마지막 유언을 남겼습니다. "목사님, 감사합니다. 나는 이제 준비되었습니다."

사도 바울은 복음을 전하다가 잡혀 감옥에 갇혔을 때 자신이 로마인임을 이유로 로마 황제 가이사의 재판을 요청했습니다. 그는 여러 심문을 통해 죄가 없음이 확인되었지만 그의 항소를 이유로 로마로 향하게 되었습니다. 그는 배를 타고 가게 되었는데 큰 폭풍이 불어 결국 파선하게 되었고 간신히 구조되어 말리데 섬에 있다가 다시 항해하여 로마로 갈 수 있었습니다. 그는 왜 이렇게 험한 여정을 가야 했을까요? 고난의 항해 끝에 얻은 결론은 무엇이었을까요?

1. 사명입니다.

사도 바울은 로마에서 자신을 지키는 군인과 함께해야 했습니다. 언제든지 로마 황제가 자신을 보고자 할 때 나아가 재판을 치러야 했기 때문입니다. 그는 이곳에서 자유롭게 사람들을 만날 수 있었습니다. 특별히 그의 소식을 궁금하게 여기는 신분이 높은 유대인들이 있었습니다. 그는 이들과 만나 아침부터 저녁까지 강론하면서 하나님 나라를 증언하고 모세의 율법과 선지자의 말을 가지고 예수님을 증언하였습니다. 하지만 이들은 여전히 깨닫지 못했습니다.

바울은 주님이 이것이 자신을 이방인에게 보내신 이유임을 깨닫게 되었습니다. 하나님을 알고 있던 유대인이 오히려 복음에 둔감한 자가 되었기 때문입니다. 오늘도 하나님은 고난을 통해 우리에게 사명을 발견하게 하십니다.

말씀 읽기 사 45:22

2. 사역의 방향입니다.

사도 바울은 자신이 이방인을 위해 보내졌음을 깨달았습니다. 그런데 어떻게 증거해야 할지 몰랐습니다. 하지만 억류되어 있는 그에게 많은 사람들이 찾아와 그 이유를 묻고 복음을 듣고자 하였습니다. 그는 이것이 자신이 해야 할 사역의 방향임을 깨달았습니다. 그는 자신을 내려놓고 자신에게 오는 모든 사람을 거부하지 않고 영접하였습니다. 주님이 허락하신 고난은 우리로 하여금 사역의 눈을 뜨게 합니다. 주님은 주님이 요청하신 필요를 발견하고 그 필요에 헌신하게 하십니다. 오늘도 기도하는 가운데 내가 주님을 위해 헌신할 수 있는 부분이 어디인지 구하고 찾아야 할 것입니다.

말씀 읽기 요 3:16

3. 복음의 전파입니다.

사도 바울은 자유를 잃은 상태에서 집에 억류되어 있었지만 오히려 그곳에서 활발히 복음을 전파할 수 있었습니다. 그를 궁금하게 여기던 사람들이 몰려들자 그들에게 하나님 나라를 전파하고 주 예수 그리스도에 관해 가르치기를 주저하지 않았습니다. 본문에서 특별한 단어는 "담대하게 거침없이"입니다. 분명 밖에서는 유대인들의 눈치를 보며 복음을 전해야 했습니다. 하지만 로마 군사에 의해 억류되어 있는 지금, 그를 노릴 수 있는 사람은 전혀 없게 되었습니다. 그는 가감없이 담대하게 복음을 전할 수 있게 되었던 것입니다.

바울에게 위기는 오히려 복음을 전할 기회가 되었습니다. 주님이 우리에게 주신 고난은 모두 주님을 위한 기회로 사용해야 할 것입니다.

말씀 읽기 행 28:30-31

생각 나누기

01 사도 바울이 고난 중에 발견한 사명은 무엇입니까?

02 오늘 우리의 삶에서 하나님께서 기뻐하시는 사역이 무엇일까 이야기를 나눠 봅시다.

03 고난은 이렇게 과감히 복음을 전할 수 있는 기회가 되기도 합니다. 우리는 어떻게 우리에게 다가온 고난을 복음을 전할 수 있는 기회가 될 수 있게 할 수 있을까요?

Date.

chapter 34

하나님의 섭리

성경 | 롬 10:9(p.253)

찬송 | 252(통184), 323(통355)

마음 열기

일제 시대에 어떤 사람이 있었습니다. 그가 마음속 깊이 가지고 있었던 소원은 양복을 입고 자신의 부를 마음껏 뽐내 보는 것이었습니다. 하지만 현실은 너무 어려웠습니다. 그는 막노동을 통해 간신히 생활할 정도였습니다. 그는 자신의 꿈을 위해 아끼고 아껴 결국 양복 살 돈을 마련했습니다. 그는 일본인 양복점에 들어가 양복을 맞췄습니다. 그리고 기분 좋게 술을 마시고 다니다가 길거리에 쓰러지게 되었습니다. 이때 한 이화여전 여학생이 그를 발견하게 되었고, 그를 인력거에 태워 자기 집으로 데려가 정성으로 돌보았습니다. 그가 깨어나 여러 이야기를 하다 보니 그는 교육을 전혀 받아 보지 못한 사람이었습니다. 그 여학생은 그 사람에게 3년간 공부를 가르치고 복음을 전해 예수님을 영접하게 하였습니다. 그리고 함께 결혼해 미국 유학을 떠났습니다. 그는 미국에서 약학을 공부하고 한국에 돌아와 네오톤이라는 영양제를 만들어 팔게 되었습니다. 이것이 바로 유한양행의 시작이 되었습니다. 그는 많은 약으로 한국의 많은 사람의 생명을 구하는 사람이 되었습니다.

하나님을 알지 못한 사람만큼 불쌍한 사람이 없습니다. 그들의 미래에 끝없는 절망이 남아 있기 때문입니다. 하나님은 우리가 예수 그리스도를 믿음으로 고백하며 믿음의 길을 갈 수 있도록 인도하십니다. 그렇다면 하나님은 우리를 어떻게 인도하실까요?

1. 시인하게 하십니다.

우리가 믿음을 고백할 수 있는 이유는 하나님께서 우리를 미리 택하셔서 인도하셨기 때문입니다. 하나님은 때론 환경을 통해, 때론 사람들을 통해, 때론 물질을 통해 하나님께 나아가게 하십니다. 홀로 견디다 못해 하나님을 바라보고 결국 하나님의 존재를 시인하고 그의 구원을 사모하게 하십니다. 그렇게 될 때 하나님은 우리의 연약한 고백을 믿음으로 인정하신다는 것입니다. 하나님이 우리에게 요청하시는 고백은 무엇입니까?

말씀 읽기 고전 3:23

2. 마음을 변화시키십니다.

어떤 상담가도, 설득가도 사람의 마음을 변화시킬 수 없습니다. 강제적인 압박도, 폭력도 불가능합니다. 하지만 하나님은 가능하십니다. 하나님은 우리의 마음을 변화시키십니다. 그것도 완전하게 바꿔 주십니다. 성령님은 우리의 굳은 마음을 부수시고 다시 부드럽게 만드십니다. 그리고 온전히 하나님의 구원을 소망하게 하십니다. 그리고 우리를 위해 십자가에 못 박히신 예수 그리스도를 바라보게 하십니다. 우리는 이와 같은 은혜를 위해 기도해야 합니다. 우리의 전도 대상을 위해 그들의 마음을 성령님이 변화시키시고 그리스도의 은혜를 바라볼 수 있게 해 달라고 기도해야 합니다.

말씀 읽기 롬 12:2

3. 구원으로 인도하십니다.

하나님의 인도하심은 결국 우리로 하여금 구원의 길로 가게 하는 것입니다. 하나님은 우리로 예수를 주로 시인하도록 인도하시고 그 마음에 예수 그리스도의 부활을 믿게 하셔서 결국 구원의 길로 가게 하십니다. 하지만 하나님의 인도하심을 거절하고 내 마음이 시키는 완악함으로 나아간다면 그는 결국 비참한 종말을 맞이하게 될 것입니다. 따라서 우리는 전도 대상자들을 위해 기도할 때 하나님께서 그의 마음을 주장하셔서 성령님으로 그 마음을 열고 깨트리셔서 주님을 시인하게 해 달라고 기도해야 합니다. 하나님은 우리의 간절한 기도에 응답하실 것입니다.

말씀 읽기 시 59:9

생각 나누기

01 우리는 어떻게 예수님을 주님으로 시인할 수 있을까요?

02 우리의 마음을 변화시키는 하나님의 은혜에 대해 나눠 봅시다.

03 우리가 구원을 위해 기도해야 할 대상은 누구입니까? 만일 있다면 그에 대해 어떻게 기도할 수 있을지 이야기를 나눠 봅시다.

Date.

chapter 35

하나님의 은혜

성경 | 눅 10:2(p.109)

찬송 | 88(통88), 90(통98)

마음 열기

평양성에 이기풍이라는 아주 못된 사람이 있었습니다. 마펫 목사님은 평양성이 내려다보이는 장댓새(장대현)에 예배당을 짓고 있었는데 평양의 불한당의 두목 이기풍이 와서 마펫 목사님과 성도들을 괴롭혔습니다. 그는 마펫 목사님을 마구 때렸습니다. 그래도 목사님이 두려움 없이 계속 공사를 하자 돌을 던져 상처를 입히기도 했습니다. 목사님은 이 이기풍을 위해 온 힘을 다해 기도했습니다. 그가 변해야 건축이 가능했기 때문입니다. 하나님은 그의 기도에 응답하셨고 결국 이기풍은 고꾸라져 회개하게 되었습니다. 이후 목사가 된 이기풍은 선교사가 되어 제주도로 가서 열심으로 전도하였습니다. 당시 제주도에서는 큰 구렁이에게 처녀를 갖다 바치는 일이 있었습니다. 그는 대장간에 가서 장검을 얻어 숨어 있다가 구렁이가 처녀를 삼키기 위해서 뱀굴에서 나오자 번개처럼 달려들어 그 구렁이를 여러 토막을 내어 죽여 버렸습니다. 이 모습을 본 제물이 될 뻔했던 처녀의 가족들과 주민들이 예수님을 영접하였으며 끝내 제주도에도 교회가 세워지게 되었습니다.

이스라엘의 농사법은 한국과 아주 비슷합니다. 보리를 거두고 그 자리에 다시 밀을 심어 가을에 수확합니다. 따라서 시기가 중요한데 추수할 시기를 잘 맞춰야 합니다. 시기를 놓치면 한 해 동안의 수고가 사라질 수 있습니다. 영혼의 추수도 마찬가지입니다. 추수해야 할 시기에 맞게 추수할 일꾼들을 준비해야 합니다. 우리는 영혼의 추수를 어떻게 준비해야 할까요?

1. 추수 때를 알아야 합니다.

우리는 전도를 위해서 기도함으로써 성령님이 그들의 마음 밭을 다져 달라고 기도합니다. 바위 같은 마음이 부서지고 막힌 가시들이 사라지도록 말입니다. 그리고 복음의 씨앗을 심습니다. 찾아가 예수님이 어떠한 분인지 소개합니다. 우리 삶에서 예수님이 어떻게 역할을 하시는지, 우리가 진정 의지해야 할 분이 누구인지, 우리 인생의 목표를 설명합니다. 그리고 그를 위해 진정으로 축복합니다. 복음의 씨를 뿌렸으니 가끔 찾아가 물을 줍니다. 친절히 관계를 맺으며 주님의 사랑을 조금씩 전달합니다.

우리는 복음의 씨를 뿌렸으니 자라게 하시는 분은 우리 주님이십니다. 때로는 뜨거운 태양으로 시련을 주시고, 때로는 비로 영양분을 공급하십니다. 이제 그의 마음에 조금씩 조금씩 복음이 자라게 됩니다. 우리는 언제 추수해야 할까요? 우리는 기도 가운데 그때를 확인해 보아야 합니다. 주님은 반드시 우리가 추수해야 할 가장 적절한 때를 가르쳐 주실 것입니다.

말씀 읽기 사 53:1-2

2. 우리는 추수할 일꾼을 위해 기도해야 합니다.

예수님은 제자들을 보내시면서 추수할 일꾼이 적으니 보내 달라고 하라고 말씀하셨습니다. 그것은 제자들이 나가서 전도하는 이유가 바로 추수할 일꾼을 준비하는 과정임을 알 수 있습니다. 그런데 그 요청하는 대상이 다른 누구도 아닌 추수하는 주인에게 요청하는 것임을 말합니다. 다시 말하면 추수 밭의 주인이신 하나님께 드리는 기도입니다. 우리는 하나님께 추수할 일꾼을 위해 기도해야 합니다.

말씀 읽기 눅 10:2

2. 추수할 일꾼으로 우리가 준비해야 합니다.

추수할 일꾼은 하루 아침에 태어나지 않습니다. 많은 훈련을 거쳐 탄생하게 됩니다. 주님의 말씀을 듣고 실천하며 기도하는 가운데 성령 충만해야 합니다. 이런 분들이 많아질 때 교회는 영혼을 추수해야 할 때를 놓치지 않을 것입니다. 예수님은 제자들에게 추수할 일꾼을 위해 기도하라고 하시면서 제자들을 전도의 자리로 보내셨습니다. 추수할 일꾼에 맞춰 훈련시키기 위함이었습니다. 우리도 추수를 위해 훈련을 받아야 합니다. 그렇게 하지 않는다면 추수는 커녕 상처만 입히는 방해꾼이 될 수가 있습니다. 우리는 주님의 제자들처럼 주 안에서 매일 훈련을 받으며 주님의 사명을 감당해야 할 것입니다.

말씀 읽기 눅 10:3-5

생각 나누기

01 우리는 영혼의 추수를 위해 어떤 준비를 해야 합니까?

02 추수할 일꾼을 위해 어떻게 기도해야 합니까?

03 추수할 일꾼을 위해 우리가 준비해야 할 부분은 무엇입니까?

Date.

chapter 36

사랑하는 자

성경 | 마 5:44(p.7)

찬송 | 91(통91), 214(통349)

마음 열기

고재봉이란 사람이 있었습니다. 그는 군 생활 중 한 중령의 군화를 훔치다 걸려 군 교도소에 수감되었습니다. 그는 돈 몇 푼 안 되는 것 때문에 군 교도소에 갔다는 사실이 너무 억울했습니다. 그래서 그는 복수를 위해 자신이 근무했던 전방의 장교관사 지역으로 찾아갔습니다. 그런데 당시 그를 감옥에 보냈던 그 중령 가족이 나가고 다른 중령이 와 있었습니다. 고재봉은 분노를 삭이지 못하고 밤중에 찾아가 도끼로 그와 관계없는 일가족을 살해했습니다. 그는 곧 체포되어 사형 판결을 받았습니다.

그러던 어느 날 한 집사님이 육군 교도소를 찾아와 전도하기 시작했습니다. 처음엔 그도 완강히 부인했지만 곧 마음 문을 열고 예수님을 영접했습니다. 그 후 그는 육군 교도소의 전도자가 되어 많은 사형수들을 결신시키고 세상을 떠났습니다. 그가 마지막으로 부른 찬송은 279장 '인애하신 구세주여'였습니다.

예수님은 어떻게 우리를 사랑하셨습니까? 그리고 우리에게 어떻게 사랑하라고 가르치셨습니까?

1. 원수를 사랑하라고 하셨습니다.

이스라엘의 율법에 원수를 반드시 갚아야 한다는 개념이 있습니다. 그의 가족과 친족에게 해를 끼친 자는 끝까지 쫓아가 원수를 갚았습니다. 따라서 이와 같은 복수는 너무나 당연한 것이었습니다. 그리고 당시 이스라엘은 로마에 종속되어 있어 커다란 피해를 입고 있었습니다. 그들은 심각한 세금을 부과하여 경제를 무너뜨렸고 심지어 사람까지 잡아가 인권을 유린하기도 했습니다. 그렇기 때문에 원수를 사랑하라는 예수님의 말씀은 당시 일상 관념을 깨뜨리는 충격적인 말씀이었습니다. 우리는 예수님의 말씀에 따라 원수를 사랑할 수 있습니까? 만약 그것이 어렵다고 느낀다면 우리는 예수님의 삶을 돌아보아야 할 것입니다.

말씀 읽기 마 5:39

2. 자신에게 해를 끼치는 자까지 사랑하라고 하셨습니다.

예수님은 자신에게 해를 끼치는 자들의 행태를 몇 가지로 나열하셨습니다. 첫째는 오른편 뺨을 치는 자요, 둘째는 고발하여 속옷을 가

지고자 하는 자요, 셋째는 억지로 오 리를 가게 하는 자요, 넷째는 꾸고자 하는 자입니다. 이것은 때론 자존심을 무너뜨리는 치명적인 상처가 되기도 하고, 때로는 깊은 분노를 끓어오르게 하는 일이기도 합니다. 또한 나를 속여 이득을 얻고자 하는 일이기도 합니다. 이러한 사람들을 어떻게 대적하지 않고 사랑할 수 있을까요? 주님이 명하시지 않았다면, 주님이 우리 상한 마음을 지켜 주시지 않는다면, 주님이 우리의 보장이 되어 주시지 않는다면 가능할 수 없는 행위입니다. 하지만 우리는 주님이 명하셨기에, 주님이 우리의 상한 마음을 지켜 주시기에, 그리고 주님이 우리의 보장이 되어 주시기에 할 수 있습니다. 우리는 이러한 사랑을 표현할 수 있도록 우리 마음을 지켜 달라고 기도해야 할 것입니다.

말씀 읽기 마 5:38-42

3. 그들을 위해 기도해야 합니다.

우리는 우리에게 해를 끼치는 자들, 박해하는 자들, 원수인 자들에게 보복 대신 사랑을 전해야 합니다. 물론 우리의 능력으로는 가능하지 않습니다. 분노가 먼저 우리 가운데서 나올 것이기 때문입니다. 우리는 주님이 주신 명령을 기억하며 그들을 위해 기도해야 합니다. 그들이 예수 그리스도를 믿고 변화될 수 있도록, 구원을 얻을 수 있도록 기도해야 합니다. 그들에게도 주님의 사랑이 필요하다고 기도해야 합니다. 그렇게 될 때 주님은 분명 하늘의 상이 있을 것이

라고 말씀합니다(마 5:46). 우리는 주님이 말씀하신 것처럼 하늘에 계신 아버지의 온전하심과 같이 온전해야 할 것입니다.

말씀 읽기 마 5:44-48

생각 나누기

01 예수님이 우리에게 명하신 사랑은 무엇입니까?

02 우리에게 해를 끼치는 사람들을 사랑할 수 있는 이유는 무엇입니까?

03 우리에게 해를 끼치는 사람들을 사랑하고 기도해야 하는 이유는 무엇입니까?

VII

성령이 충만한 구역

Date.

chapter 37

믿음의 구역

성경 | 히 11:1(p.364)

찬송 | 342(통395), 442(통499)

마음 열기

1948년 여수 순천 사건 때의 일입니다. 삽시간에 순천이 난리가 났습니다. 미국 남장로교 선교부 일을 돕던 어느 장로가 다른 선교사는 모두 대피시켰지만 평소 자신과 사이가 좋지 않은 미국 선교사 부부는 그냥 두었습니다. 죽든 말든 상관 않겠다는 못된 마음 때문이었습니다. 세월이 지나 한국전쟁이 끝나고 휴전이 되었을 때 그 선교부의 한 전도사가 그 선교사 목사님께 물었습니다.

"선교사님, 왜 그 때 피하지 않으셨어요?"

그 전도사는 장로와 그 선교사 사이가 불편했던 것을 알고 있었습니다.

그 말을 들은 선교사는 그 전도사에게 말했습니다.

"전도사님, 무슨 말씀을 그렇게 하세요? 성경에 하나님은 주무시지도 않고 우리를 지키신다고 하지 않았습니까! 그래서 나는 하나님께 기도하고 침실에서 내 사모와 같이 잠을 잤습니다. 하나님의 일은 우리 부부를 지켜 주시는 일이요, 우리 부부의 일은 잠을 자는 것입니다."

그 전도사는 그 말에 큰 충격을 받았습니다.

하나님은 성도가 믿음을 갖는 것을 가장 기뻐하십니다. 성도들은 자신들이 믿음이 있다고 생각하지만 다시 한번 엄밀히 신앙을 점검해 볼 필요가 있습니다. 믿음이 있다는 말과 달리 믿음 없는 행동을 할 때가 많기 때문입니다. 그렇다면 하나님이 인정하시는 진정한 믿음은 무엇일까요?

1. 보이지 않는 것을 믿는 믿음입니다.

요새는 눈에 보이는 증거를 강조합니다. 보이지 않는 것을 어떻게 진실된 일이라고 말할 수 있을까요? 바로 그것이 믿음의 영역입니다. 하나님께서 말씀하신 바는 모두 이루어진다고 고백할 때 주님은 큰 믿음이라고 말씀하십니다. 누가복음에서 예수님은 말씀만 하셔서 자신의 하인을 낫게 해 달라는 백부장의 요청을 듣고 "이만한 믿음을 만나 보지 못했다"고 하셨습니다.

우리 역시 주님의 말씀을 신뢰하고 믿으며 말씀하신 그대로 이루어질 줄 확신해야 할 것입니다.

말씀 읽기 눅 7:6-10

2. 하나님께서 기뻐하시는 예배를 드리는 믿음입니다.

하나님은 오늘도 참되게 예배드리는 자를 찾으십니다. 예수님은 우물가에서 사마리아 여인을 만나셨을 때 예배에 관한 그녀의 질문에 영과 진리로 예배드리는 참된 예배자를 찾으신다고 말씀하셨습니다. 하나님은 우리가 드리는 예배를 관심 있게 살피시고 우리가 성령 안에서 주님의 말씀 안에서 드리는 예배를 기뻐하십니다. 우리가 하나님이 인정하시는 믿음을 갖기를 원한다면 우리가 드리는 예배에 항상 주의를 기울여야 합니다. 하나님은 예배 중에 임하시고 우리에게 참된 은혜를 주시기 때문입니다.

말씀 읽기 요 4:23-24

3. 하나님께서 기뻐하시는 예물을 드리는 믿음입니다.

예수님은 믿음으로 아벨이 가인보다 더 다은 제사를 드렸다고 말씀합니다. 왜 하나님은 아벨의 제사만 받으셨을까요? 성경은 아벨을 보시고 그의 제물을 받으셨다고 말씀합니다. 하나님은 제사를 드리는 아벨의 정성과 마음을 먼저 보시고 그가 드린 제물에 주의를 기울이신 것입니다. 무엇이 더 비싼지, 더 값어치 나가는지가 중요한 것이 아닙니다. 제물을 드리는 자의 마음입니다. 우리가 하나님께서 기뻐하시는 예물을 드리기 위해서는 우리 마음이 하나님을 사랑하는 마음으로 가득차 있어 어떻게 하나님을 기쁘시게 할까 라는 소망이 있어야 할 것입니다. 그러할 때 하나님은 우리가 드리는 예물에 기쁘게 반응하실 것입니다.

말씀 읽기 창 4:3-5

생각 나누기

01 하나님께서 인정하는 믿음이란 무엇이라고 생각합니까?

02 하나님께서 기뻐하시는 예배를 드리기 위해 우리는 어떻게 해야 한다고 생각합니까?

03 하나님게서 기뻐하시는 예물은 무엇입니까?

Date.

chapter 38

성령의 교회

성경 | 골 4:2-3(p.328)

찬송 | 263(통197), 508(통270)

마음 열기

어거스틴 어머니 모니카는 기도하는 분이었습니다. 그녀는 방탕한 아들을 그냥 둘 수 없었습니다. 그래서 그녀는 경건한 삶으로 유명하였던 암부루스 감독을 찾아가 아들 문제를 상담했습니다.
암부루스 감독은 고민하던 그녀에게 중요한 이야기를 해 주었습니다.
"어머니가 기도하는 자녀는 망하지 않습니다."
크게 깨달은 모니카는 돌아가 아들을 위해 기도하는 것을 멈추지 않았습니다. 하나님은 끝내 그녀의 기도에 응답해 주셨습니다. 결국 어거스틴은 변화를 받아 유명한 교부가 되었습니다. 기도의 힘은 위대합니다.
하나님은 기도하는 자를 사랑하십니다.

기도하는 가정은, 기도하는 교회는 망하지 않습니다. 사도 바울은 교회와 성도가 가져야 할 가장 중요한 자세가 기도라고 말합니다. 우리에게 이처럼 기도를 요청한 바울은 어떤 사람입니까?

1. 기도의 사람입니다.

바울은 자신을 향한 모든 오해와 편견, 그리고 핍박을 기도로 이겨 냈고 성령의 능력으로 잠재웠습니다. 고린도후서 11장에서 바울은 자신이 당한 고난을 이렇게 요약합니다. 자신은 옥에 갇히고 매도 수없이 맞고 여러 번 죽을 뻔하였고, 유대인들에게 사십에 하나 감한 매를 다섯 번 맞았다고 말합니다. 그리고 세 번 태장에 한 번은 돌을 맞고 세 번 파선에 일 주야를 깊은 바다에서 지냈다고 고백합니다. 또한 강의 위험, 강도의 위험, 동족의 위험, 이방인의 위험, 시내의 위험, 광야의 위험, 바다의 위험, 거짓 형제의 위험을 당하였고, 자지 못하고 주리고 목마르고 여러 번 굶고 춥고 헐벗었다고 말합니다. 바울은 어떻게 이런 고난을 이겨 냈을까요? 바로 기도입니다. 기도하지 않고는 견딜 수 없는 고통이 그를 더욱 단단히 기도의 사람이 되게 하였던 것입니다.

오늘 나에게 다가온 고난은 하나님께서 기도하라고 주신 고난임을 고백하며 기도로 승리해야 할 것입니다.

말씀 읽기 고후 11:23-27

2. 기도에 깨어 있는 사람입니다.

바울은 수많은 기도의 능력을 체험한 사람이었습니다. 그가 당한 고난은 기도하지 않고는 견딜 수 없는 사건이었으며, 기도의 능력이 아니면 이길 수 없는 고난이었습니다. 그렇기 때문에 기도를 멈추지 않고 기도에 감사함으로 깨어 있었습니다.

우리는 매일의 삶에서 어떻게 기도하고 있습니까? 기도하기 위해 깨어 있습니까? 새벽에 혹은 한밤중에, 혹은 쉬는 시간에 기도하기 위해 조용한 장소를 찾으십니까? 우리가 기도에 깨어 있을 때 모든 고난을 이길 수 있습니다.

말씀 읽기 골 4:2

3. 성령의 능력을 체험한 사람입니다.

바울은 기도하며 험한 산지를 다니면서 주의 복음을 전했습니다. 바울의 고향은 길리기아입니다. 지금의 튀르키예(터키) 남부에 해당합니다. 여기서 북상하면 골로새 지역이 나오는데 험한 산맥을 넘어야 합니다. 바울은 평소 도보로 힘든 선교여행을 다녔습니다. 그가 자신의 고난을 고린도후서 11장에 고백했던 것처럼 기도 가운데 역사하신 성령님이 아니었으면 모든 일이 불가능했을 것입니다. 그를 가로막았던 수많은 장벽은 성령의 권능 아래 물이 녹듯 사라져 버렸습니다. 우리는 깨어 기도하며 성령의 권능 아래 우리에게 주어진 복음의 사명을 감당해야 할 것입니다.

말씀 읽기 행 23:11

생각 나누기

01 사도 바울은 그 많은 고난을 어떻게 이겨 낼 수 있었습니까?

02 사도 바울이 언제나 깨어 기도할 수 있었던 이유는 무엇입니까?

03 우리가 성령을 사모해야 하는 이유는 무엇입니까?

Date.

chapter 39

성령의 권능으로

성경 | 행 8:14-17(p.200)

찬송 | 268(통202), 523(통262)

마음 열기

영국에서 감리교 운동을 일으킨 존 웨슬리의 유명한 일화입니다. 그는 미국을 가기 위해서 배를 타고 대서양을 건너가고 있었습니다. 그런데 갑자기 대서양 한가운데서 태풍을 만나게 되었습니다. 강력한 바람과 파도가 배를 깨트릴 듯이 들이쳤습니다. 모두가 공포에 떨고 있었습니다. 웨슬리는 하나님께 살려 달라고 기도하였습니다. 그런데 어디에서 찬송 소리가 들려오는 것이 아니겠습니까? 그는 그 소리를 따라 배 밑창 삼등석으로 내려가 보았습니다. 그랬더니 가난한 사람들이 모여서 아주 진지하게 하나님께 예배를 드리고 있었습니다. 그들은 모라비안 교도들이었습니다. 웨슬리는 감동을 받았습니다. 오직 하나님을 바라보며 두려워 떨지 않는 그들의 믿음은 자신과 비교할 바가 못되었습니다. 그는 이 사건을 계기로 자신의 믿음의 기초를 세웠다고 합니다.

하나님의 역사는 오직 성령의 권능으로 이루어집니다. 성령의 권능이 사람의 심령을 찌를 때 자신의 죄를 발견하고 회개에 이르기 때문입니다. 그렇다면 우리는 어떻게 성령의 권능으로 주님의 사역을 감당할 수 있을까요?

1. 하나님 말씀을 따라 사역해야 합니다.

하나님의 말씀이 예루살렘에서 점점 왕성해지자 제자의 수가 셀 수 없이 많아지게 되었고 심지어 허다한 제사장의 무리도 복종할 정도가 되었습니다. 이에 위기를 느낀 자들은 가장 앞에 서서 복음을 전한 스데반을 거짓으로 고소하여 공회에 부르게 되었습니다. 스데반은 그들의 위협에 굴복하지 않고 힘 있게 복음을 전하다 결국 분노에 찬 사람들에 의해 돌에 맞아 순교하였습니다. 이 일이 있은 후 예루살렘 교회에 큰 박해가 일어났습니다. 성도들이 잡혀가는 위기의 순간이 이르자 성도들은 각지로 흩어지게 되었고 그 일로 사마리아에 간 빌립은 복음을 전파하고 이적을 행하였습니다. 여전히 예루살렘에 남아 있는 사도들은 사마리아가 하나님의 말씀을 받았다는 사실에 놀랐습니다. 여기서 주목해야 할 것은 하나님 말씀이 먼저 전해졌다는 사실입니다. 우리는 하나님 말씀을 따라 사역해야 합니다.

말씀 읽기 행 8:5

2. 성령을 위해 기도해야 합니다.

예루살렘에 있는 사도들이 사마리아 사람들이 하나님의 말씀을 받았다는 소식을 듣고 바로 베드로와 요한을 보냈습니다. 그들에게 성령이 임하시도록 기도해야 할 필요가 있었기 때문입니다. 기도를 받은 사마리아 사람들은 성령을 받게 되었습니다. 이와 같은 일은 사도들로서도 상상할 수 없는 일이었습니다. 이방인에게도 구원의 길이 열린다는 의미가 되기 때문입니다. 이제 성령 충만하게 된 사마리아 사람들은 복음을 전하는 전사로서 활약하게 되었습니다.

말씀 읽기 행 8:14-17

3. 성령으로 일해야 합니다.

빌립은 철저히 성령의 인도함을 따라 주의 복음을 전했습니다. 자신의 눈에 좋아 보이는 곳, 평안을 줄 수 있는 곳이 아니라 그 길이 험하고 다른 사람들이 가지 않는 곳이라 할지라도 두려워하지 않았습니다. 내 뜻이 아니라 하나님께서 기뻐하시는 길이요, 말씀을 통해 인도함을 받은 길, 성령이 이끄시는 길을 따랐던 것입니다. 오늘 우리는 하나님 말씀이 보여 주고, 성령이 인도하시는 길로 나아가야 합니다. 주님이 인도하시는 길에는 실패가 없습니다. 우리는 그 인도를 따라 복음을 전해야 할 것입니다.

말씀 읽기 행 8:26

생각 나누기

01 우리가 하나님의 말씀을 따라 일해야 하는 이유는 무엇입니까?

02 우리는 어떻게 성령을 사모해야 합니까?

03 우리의 나아가는 길이 하나님 말씀과 성령의 인도하심을 따른다고 생각합니까? 그 이유는 무엇입니까?

Date.

chapter 40

영적인 구원

성경 | 창 19:15-26(구약 p.24)

찬송 | 382(통432), 446(통500)

마음 열기

어느 목사가 글래스고우에서 열심히 옥외 집회를 하고 있었습니다. 그의 설교 마지막에 결론을 내릴 쯤, 어떤 불신자가 앞으로 나와서 말하기를, "목사 양반, 나는 천국도 지옥도 믿지 않소. 하나님과 그리스도를 믿지 않소. 나는 그것들을 본 적이 없소이다."하고 말했습니다.

그러자 옆에 검은 색안경을 낀 소경이 앞으로 나왔습니다.

"이 부근에 클리이드 강이 있지만 저는 믿지 않소. 여기 사람들이 많이서 있지만 저는 믿지 않소. 나는 그들을 본 적이 없소. 나는 맹인으로 태어났거든요."

그러자 불신자는 더 이상 말을 하지 못했다고 합니다. 영적으로 눈먼 사람들은 아무것도 볼 수 없습니다. 성경은 이렇게 말합니다.

"육에 속한 사람은 하나님의 성령의 일을 받아들이지 아니하나니 저희에게는 미련하게 보임이요 또 깨닫지도 못하나니, 이런 일은 영적으로라야 분별함이니라."(고전 2:14).

지금 우리가 살고 있는 세계는 발달된 문명으로 편리함이 과거와는 비교할 바가 못 되지만 영적으로는 더욱 어두운 세계라고 할 수 있습니다. 이렇게 어두운 세계에서 우리는 무엇을 준비해야 할까요?

1. 영적인 신앙을 갖춰야 합니다.

소돔과 고모라 성은 당시에 문화가 발달된 매우 부유한 성이었습니다. 발달된 무역과 지역에서 나오는 특산물인 소금은 향락의 극치를 이루게 하였습니다. 사람들은 이기적이었으며 나그네를 환대하지 않았고 성적인 타락이 극에 이르렀습니다. 그리고 폭력이 일상화된 놀이가 되었습니다. 이런 도시에 살았던 롯은 영적으로도 매우 연약한 신앙에 있었던 것 같습니다. 그는 삼촌 아브라함과 헤어질 당시 아름다움에 빠져 이곳 소돔과 고모라 땅을 택한 이후로 그 여파가 계속 이어졌던 것입니다. 가족들은 그의 신앙생활을 따라가지 못했습니다.

이처럼 영적으로 무지한 곳에서의 신앙생활은 큰 고통이 따릅니다. 우리는 어디에 있든지 영적인 신앙을 갖춰야 합니다. 우리가 어디에서든지 바른 신앙을 갖추고 주님을 바라볼 때 하나님은 우리에게 은혜의 길을 열어 주실 것입니다.

말씀 읽기 눅 17:28-29

2. 과거의 역사에서 교훈을 찾아야 합니다.

우리는 과거의 역사에서 교훈을 찾아야 합니다. 롯은 자신은 비록 타락한 곳에 있었지만 조상 때부터 이어 온 나그네를 돌보는 사역은 놓지 않고 있었습니다. 그는 이 은혜의 행위를 놓지 않았고 그 결과 천사를 영접하는 놀라운 은총을 얻게 되었습니다. 우리는 옛부터 이어져 오는 신앙의 전통을 지켜야 합니다. 때론 그 행동이 힘이 들고 어려움을 줄 수 있지만 그 일이 신앙으로 이어진 전통이라면 끝까지 지켜야 합니다. 신앙의 선조가 부여한 믿음의 행위가 분명 의미 있게 나타날 것입니다.

말씀 읽기 창 19:1-3

3. 깨어 있어야 합니다.

우리는 영적으로 깨어 있어야 합니다. 만일 우리가 현재에 안주하여 세속의 문화에 물들어 있게 되면 우리는 분명 주님과 멀리 떨어진 암흑의 길을 가게 될 것입니다. 우리는 세속에 물들지 않게 주의하며 영적으로 깨어 있어야 합니다. 기도에 힘쓰며 예배 드리기를 기뻐하고 날마다 모이기에 힘써야 합니다. 이렇듯 깨어 있는 신앙생활을 할 때 우리는 주님께 사랑과 인정을 받게 될 것입니다.

말씀 읽기 마 24:42

생각 나누기

01 우리는 어두운 현실 속에서 어떻게 신앙생활을 해야 합니까?

02 우리 믿음의 선조들의 삶 가운데 꼭 본받아야 하는 부분이 있다면 무엇입니까?

03 우리는 깨어 있는 신앙생활을 하기 위해서 무엇을 해야 합니까?

Date.

chapter 41

로마 교회

성경 | 롬 1:7(p.239)

찬송 | 496(통260), 505(통269)

마음 열기

일제 시대 때 민족 지도자로 일했던 이상재 선생은 당시 서재필이나 이승만으로부터 예수님을 믿으라는 권유를 여러 차례 받았지만 번번히 거절하였습니다. 그 후 독립 운동을 하다가 감옥에 갇혀 고달픈 나날을 보내고 있던 어느 날 그는 우연히 감방 마루 틈에 끼어 있는 때 묻은 종이 한 장을 발견했습니다. 거기에는 마태복음 5장 38-39절 말씀이 기록되어 있었습니다.

"또 눈은 눈으로, 이는 이로 갚으라 하였다는 것을 너희가 들었으나 나는 너희에게 이르노니 악한 자를 대적하지 말라 누구든지 네 오른편 뺨을 치거든 왼편도 돌려 대며"

당시 그는 일제에 항거하다 감옥에 갇힌 몸이기에 그 뜻을 이해할 수 없었습니다. 하지만 시간이 지나면서 그의 깊은 곳에서 그 말씀이 메아리쳐 결국 회개하고 예수님을 믿게 되었습니다.

그러므로 우리는 때를 얻든지 못 얻든지 복음을 전해야 합니다.

바울은 평생 로마에 가서 복음 전하기를 원했습니다. 그 소망은 그가 로마로 재판 받으러 가는 4차 전도 여행 때 이뤄지게 되었습니다. 사도 바울이 이처럼 로마에 복음을 전하고자 했던 것은 바로 하나님께서 그에게 사명을 주셨기 때문이었습니다. 그는 어떻게 이 사명을 감당할 수 있었을까요?

1. 사랑입니다.

로마는 발달된 화려한 문화를 가지고 있었지만 그 안은 죄악이 넘치는 병든 모습을 가지고 있었습니다. 귀족들은 끊임없이 사치스럽게 생활하였으며, 평민들도 끊임없이 죄를 짓고 있었습니다. 소돔과 고모라를 방불하는 범죄와 우상숭배가 넘치고 있었습니다. 아구스도 황제는 법을 통해 사회를 정화시키려고 했으나 소용이 없었습니다. 이와 같은 세속 도시에 어떤 소망이 있을 수 있을까요?

사도 바울은 이런 로마 도시를 사랑했습니다. 그 안에 있는 수많은 사람의 영혼을 불쌍히 보았습니다. 그 수많은 영혼이 주님을 모른다면 그들은 결국 멸망으로 나아가게 될 것입니다. 그들을 사랑하는 간절한 마음을 가진 바울은 힘을 다해 복음을 전했던 것입니다.

말씀 읽기 마 5:13-14

2. 빚진 자의 심정을 가졌습니다.

사도 바울은 빚진 자의 심정을 가졌습니다. 그는 복음을 알지 못하고 죽어 가는 수많은 사람을 보며 안타까운 마음을 금할 수 없었습니다. 그는 빚을 진 사람들이 쫓기는 마음을 가진 것처럼 불신자들을 향해 그와 같은 마음을 가졌던 것입니다. 특히 로마 사람들을 바라볼 때 더욱 견딜 수 없었습니다. 타락한 그들의 죄악의 모습은 그들이 복음을 전혀 알지 못하기 때문이며, 그것은 내가 복음을 전하지 않아서 라는 자책을 많이 하였던 것입니다. 이것이 그가 더욱 열정을 다 할 수 있었던 이유입니다. 당신은 주위의 복음을 알지 못하는 자들에게 빚진 자와 같은 마음을 갖고 있습니까?

말씀 읽기 롬 1:14

3. 복음을 부끄러워하지 않았습니다.

사도 바울이 머물고 있었던 로마에서 복음을 전한다는 것은 매우 어려운 일이었습니다. 로마는 지혜로도 뛰어난 곳이요, 물질로도 부족함이 없었습니다. 따라서 걱정과 염려가 없는 곳이요, 오직 쾌락만 찾는 곳이었습니다. 그런 도시에서 복음을 전한다면 분명 바울은 사람들에게 이상한 사람으로 여겨졌을 것입니다. 사람들에게 손가락질을 당하거나 논리가 잘못되었다고 대드는 수많은 사람들과 싸워야 했을 겁니다. 사도 바울은 어떻게 이런 고난을 이길 수 있었을까요? 바울은 전혀 복음을 부끄러워하지 않았습니다. 그것은 이 복음이 모든 믿는 자에게 구원을 주시는 하나님의 능력이 되기 때문이었습니다. 우리도 이와 같은 마음을 가질 때 복음에 담대한 사람이 될 수 있습니다.

말씀 읽기 롬 1:16

생각 나누기

01 복음을 전하고자 하는 바울이 깊이 품은 마음은 무엇입니까?

02 바울은 왜 빚진 자의 마음을 가지고 있었습니까?

03 우리가 복음을 부끄러워하지 않을 이유는 무엇입니까?

Date.

chapter 42

이단들

성경 | 갈 1:6(p.302)

찬송 | 272(통330), 419(통478)

마음 열기

우리는 지금도 뉴스를 보면 사이비 종교와 이단에 빠져 파탄이 난 가정을 볼 수 있습니다. 자신을 신이라고 말하며 가진 재산을 모두 바치게 하고 심지어 쾌락을 위해 몸을 바치게까지 합니다. 최근 넷플릭스에 소개된 〈나는 신이다〉가 큰 반향을 일으켰습니다. 많은 사람들이 함께 보고 공분을 일으켰지만 정작 그들이 왜 이런 사람들을 만나 분별력을 잃고 그렇게 빠져 들어갔을까 라는 부분에 대해서는 관심을 갖지 않습니다. 잘못된 교리는 우리를 절망으로 이끌어 갑니다. 지금도 이와 같은 이단은 여전히 우리를 노리고 있습니다.

사도 바울의 선교로 세계 역사가 바뀌게 되었습니다. 그의 희생과 헌신으로 세계의 중심에 하나님의 말씀이 심겨졌기 때문입니다. 바울은 어떻게 그 사명을 감당하게 되었을까요?

당시 갈라디아 교회에 율법의 행위로 구원을 받는다고 가르치는 다른 복음이 있었습니다. 그들은 율법에서 가르치는 할례를 행하여야만 구원을 받을 수 있다고 하였습니다.

이처럼 그리스도로 인한 은혜의 복음이 아닌 다른 복음을 가르치는 자들이 있을 때 우리는 어떻게 해야 할까요?

1. 다른 복음은 없습니다.

예수님의 십자가를 부인하며 구원의 불완전성을 주장합니다. 이들은 자신을 계시의 주인으로 내세우거나, 재림주라고 말하기도 합니다. 그들은 성경에서 가르치지 않은 비밀이 있다고 말하며 비유에 담긴 새 언약을 지켜야 한다고 말합니다. 하지만 이들은 이단으로 다른 복음을 전하는 자들입니다. 예수님을 부인하고 성경을 가감하는 자는 다른 복음을 전하는 자입니다.

우리는 말씀의 범위를 떠나지 말아야 합니다. 특히 자신이 계시받았다고 하는 사람들을 멀리해야 합니다. 성경 외에는 계시가 없기 때문입니다. 우리는 주의 말씀을 근거로 배우고 가르쳐야 할 것입니다.

말씀 읽기 유 1:4

2. 다른 복음에 쉽게 미혹되어 하나님의 은혜를 배반하지 말아야 합니다.

성경은 다른 복음에 빠진 자들이 '속히' 떠났다고 말합니다. 그들은 너무 쉽게 변절해 버리고 말았던 것입니다. 악한 영은 미혹된 영을 너무 쉽게 지배해 버리고 맙니다. 그러므로 우리는 주의를 해야 합니다. 대부분의 이단은 교주를 신격화하여 새로운 구원교리와 재림교리 그리고 종말교리를 만들어 냅니다. 그들은 그리스도를 불완전한 구원으로 만들고 자신의 교주를 통한 완전한 구원을 가르칩니다. 그리고 직통 계시를 주장하며 성도들에게 두려움을 심고 자신들의 목적에 따르도록 조정합니다. 우리는 이들의 교란에 넘어가서는 안 됩니다. 그리스도의 복음을 변하게 하려는 그 목적을 따라가서는 안 됩니다. 이와 같은 이단의 유혹은 주님이 다시 오시는 그날까지 끊임없이 있을 것입니다.

말씀 읽기 요 20:31

3. 바른 복음을 받은 그리스도의 종은 하나님을 기쁘시게 해야 합니다.

우리는 하나님을 기쁘시게 해야 합니다. 참된 복음은 우리에게 사람이 아닌 하나님을 기쁘시게 하라고 합니다. 요한복음 8장은 거짓과 위장의 포로가 된 사람들에 대해 이렇게 말합니다.

"너희는 너희 아비 마귀에게서 났으니 너희 아비의 욕심대로 너희도 행하고자 하느니라 그는 처음부터 살인한 자요 진리가 그 속에 없으므로 진리에 서지 못하고 거짓을 말할 때마다 제 것으로 말하나니 이는 그가 거짓말쟁이요 거짓의 아비가 되었음이라"(요 8:44).

우리는 변질된 복음이 아니라 바른 복음을 믿어야 합니다. 예수님만이 길이요 진리요 생명입니다. 오직 예수님을 통해 하나님께 나아갈 수 있습니다(요 14:6).

말씀 읽기 요 14:6

생각 나누기

01 당신은 다른 복음이 없다는 것에 확신하십니까?

02 사람들은 왜 쉽게 미혹에 빠지게 된다고 생각합니까?

03 우리가 하나님을 기쁘시게 해야 하는 이유는 무엇입니까?

VIII

주를 위한 구역

Date.

chapter 43

영생이란

성경 | 요 3:16(p.146)

찬송 | 324(통360), 550(통248)

마음 열기

미국에 '하워드 휴즈' 라는 거부가 있었습니다. 이 사람의 재산은 1945년에 이미 수억 달러에 다달았을 정도였습니다. 그런데 그는 1980년대 중반에 호화 아파트에서 영양실조로 굶어 죽었습니다. 그가 죽은 후 며칠 있다가 가정부에 의해서 발견되었는데 그의 몸에 구더기가 있었을 정도로 비참했다고 합니다. 그는 재산을 늘리는 재미로 일생을 살았던 탓에 한 푼도 쓰려 하지 않고 사람들을 피해 숨어 지냈습니다. 하지만 그의 결말은 너무 비참했습니다. 예수님은 우리의 소망이 되십니다. 우리가 주님을 사모하며 살아가게 될 때 하늘의 놀라운 축복이 우리에게 넘치게 될 것입니다.

영생이란 무엇일까요? 예수님은 너무 친절하게 영생에 대해 설명해 주셨습니다. 그렇다면 예수님이 말씀해 주신 영생은 무엇일까요?

1. 거듭나야 갈 수 있습니다.

어느 날 밤에 바리새인 중 니고데모라 하는 사람이 예수님을 찾아 왔습니다. 아마 그가 유대인의 지도자였기 때문에 사람의 눈을 피하려 했던 것 같습니다. 그는 마음에 담긴 질문을 하고 있었지만 주저하고 있었습니다. 그의 깊은 마음을 아시는 주님은 바로 "사람이 거듭나지 아니하면 하나님 나라를 볼 수 없다"고 말씀하셨습니다. 거듭난다는 말의 의미를 알 수 없었던 니고데모는 당황할 수밖에 없었습니다. 예수님은 "물과 성령으로 나야한다"고 말씀하셨습니다. 이것은 예수 그리스도를 믿음으로 고백하고 회개함으로써 세례를 받으며, 성령으로 새 생명을 얻는 것을 말합니다. 우리는 예수님이 말씀하신 것처럼 믿음으로 고백하고 회개 가운데 세례를 받으며 성령으로 거듭나는 은혜를 받아야 할 것입니다.

말씀 읽기 요 3:3

2. 예수 그리스도를 바라보아야 합니다.

구약 성경은 예수님이 어떤 분이시며 그분의 죽음은 어떠할지 보여 주었습니다. 우리는 성경을 따라 예수 그리스도 외에 다른 소망이 없음을 고백해야 합니다. 예수 그리스도는 우리를 구원하시기 위해 십자가에 죽으심으로써 우리의 죄를 대속해 주셨습니다. 다른 이로는 결코 영생을 얻을 수 없습니다. 우리가 영생을 소망한다면, 니고데모처럼 이 궁금증을 해결하기를 원한다면 오직 예수 그리스도를 바라보아야 합니다. 예수님은 우리에게 영생을 주실 유일한 분이십니다.

말씀 읽기 요 3:13-15

3. 진리를 따라야 합니다

예수님은 악을 행하는 자마다 빛을 미워한다고 말씀하십니다. 그것은 빛이 세상에 왔지만 사람들이 자기 행위가 악해 빛보다 어둠을 더 사랑하기 때문입니다. 그들은 빛으로 자신의 행위가 드러날까 오히려 두려워합니다. 우리는 오직 진리되시는 예수 그리스도를 따라야 합니다.

하나님은 세상을 사랑하셔서 독생자를 주셨습니다. 이는 우리를 향한 하나님의 사랑 때문입니다. 우리는 예수 그리스도를 믿음으로써 영생을 얻어야 할 것입니다.

말씀 읽기 요 3:18-21

생각 나누기

01 하나님은 왜 이 땅에 독생하신 예수 그리스도를 보내셨습니까?

02 예수님은 우리가 어떻게 해야 영생을 얻을 수 있다고 하십니까?

03 우리가 진리를 따라야 하는 이유는 무엇입니까?

Date.

chapter 44

성도의 세계관

성 경 | 시 104:24(구약 p.877)

찬 송 | 197(통178), 338(통364)

마음 열기

한국의 한 선교사가 인도의 한 대학 캠퍼스에서 전도하고 있었습니다. 그러던 중 선교사님은 한 여학생을 만났는데 그녀는 힌두교 안에서 자라왔지만 선교사님이 가르치는 말씀을 궁금하게 여겼습니다. 여학생은 선교사님과 오랜 대화 끝에 앞으로 진지하게 성경을 공부하기로 했습니다. 성경을 배우던 중 여학생은 믿음을 고백하게 되었습니다. 선교사님은 이제 믿음을 시작한 그녀의 모습에 감격하였습니다.

선교사님은 성경공부를 마친 그녀에게 이제 혼자만 믿지 말고 주위 사람들에게도 전도해 보라고 권유했습니다. 며칠 후, 그 여학생이 환한 얼굴로 선교사님을 찾아와 처음으로 전도했다고 말했습니다. 선교사님은 너무 흥분해서 누구에게 전도를 했냐고 물었습니다. 여학생은 자기가 기르는 개에게 전도했다고 대답했습니다. 여학생이 집에서 기르는 개의 순한 눈을 들여다보니까, 이 개가 전생에 사람이었다는 느낌이 들었고 다음 후생에는 꼭 인간이 될 것 같아 미리 전도했다고 말하였습니다.

> 이 인도 여학생은 기독교를 받아들였지만, 힌두교의 윤회적 세계관의 관점에서 기독교를 이해하고 있었던 것입니다.

시편 104편은 성도가 가져야 할 세계관을 소개합니다. 그렇다면 성도가 가져야 할 바른 세계관은 무엇일까요?

1. 하나님께서 천지를 만드셨음을 고백해야 합니다.

하나님께서 천지를 만드셨다는 것은 하나님을 온 세상을 만드신 생명의 주인으로 인정하는 것이요, 혼돈이 가득한 세상에 질서를 세우시고 온 세상을 다스리시는 만왕의 왕으로 고백하는 것입니다. 우리는 무슨 일을 하든지 하나님께서 우리 생명의 주인이요 만왕의 왕이심을 날마다 인정하며 우리의 마음을 하나님께 드려야 합니다. 하나님은 마땅히 우리의 예배를 받으실 분이십니다.

하나님을 단순히 소원을 들어주시는 요정과 같은 존재로 여겨서는 안 됩니다. 그것은 우상을 섬기는 것과 다름이 없습니다. 우리는 바른 신앙관으로 하나님을 섬기고 있는지 확인해야 할 필요가 있습니다.

말씀 읽기 시 104:1-5

2. 온 땅에 하나님께서 지혜로 지으신 것들이 가득함을 고백해야 합니다.

하나님의 지혜는 우리가 모두 알 수 없을 정도로 신비합니다. 따라서 하나님께서 지으신 온 땅의 모습도 너무 아름답습니다. 우리가 산세가 험한 깊은 산에 올라 아래를 내려다보면 하나님께서 만드신 아름다운 모습에 감탄할 수밖에 없습니다. 또한 하나님께서 만드신 자연의 질서 역시 그 깊이를 알 수 없습니다. 우리의 몸의 신비는 또 어떠합니까? 이러한 모든 것을 기억할 때 우리는 하나님께 영광을 돌리며 만왕의 왕이신 하나님을 더욱 높여야 할 것입니다.

말씀 읽기 시 104:6-23

3. 우리는 온 세상을 다스리시는 하나님을 찬양해야 합니다.

하나님을 찬양해야 할 이유는 헤아릴 수 없이 많습니다. 자연 만물을 바라볼 때, 그 신비로운 현상을 목격할 때, 깊이를 알 수 없는 자연의 실체에 한 발자국 다가갈 때 우리는 더욱 하나님을 찬양하게 됩니다. 시편의 많은 시인 역시 이와 같은 하나님을 체험하게 되자 찬양을 멈출 수 없었습니다. 우리도 삶 가운데서 어떻게 하나님을 찬양할 수 있을지 고민해야 합니다.

말씀 읽기 시 104:24-35

생각 나누기

01 당신은 삶 가운데서 하나님께서 온 세상을 다스리시는 주인이심을 고백합니까?

02 당신이 하나님께서 만드신 이 세상을 아름답다고 여겼을 때는 언제입니까?

03 우리가 하나님을 찬양해야 할 이유는 무엇입니까?

Date.

chapter 45

성도의 경제관

성경 | 눅 12:16-21(p.115)

찬송 | 212(통347), 220(통278)

마음 열기

어느 날 젠킨스 박사님께 조지아 주에서 큰 술집과 도박장을 운영하고 있던 한 사람이 상담을 받으러 왔습니다. 그는 많은 돈을 가지고 있었지만 그의 생활은 불행하였습니다. 박사님은 불행한 삶을 청산하기 위해서는 예수님을 믿으라고 권하며, 성경도 읽으라고 말해 주었습니다. 그 후 몇 달이 지나 전화가 왔습니다.

"오늘 아침 박사님이 지시하신 대로 성경을 읽고 있었습니다. 그때 하나님의 빛이 제 영혼에 가득 비쳐왔습니다. 저는 그리스도께 제 마음을 바치고 그분을 위해 살기로 했습니다."

박사님은 그의 변화에 너무 감사했습니다. 그런데 며칠 후 그 집 앞을 지나면서 보니까 비싼 고급 가구를 모두 실어 내는 것이 아닙니까? 너무 궁금해서 그 이유를 물었더니 이렇게 대답했습니다.

"저는 술을 팔아서 돈을 모았습니다. 그랬더니 번 돈이 그렇게 추해 보일 수 없었습니다. 그래서 술을 팔아서 산 물건을 모두 처분하고 있습니다. 이제부터 깨끗하게 번 돈만 사용하겠습니다."

우리는 얼마를 버느냐보다 어떻게 버느냐, 어디에 사용하느냐를 중요시해야 합니다.

하나님은 우리 물질의 주인이 되십니다. 우리가 물질의 주인이 되신 하나님을 잊어버리고 물질이 모두 내것이라 여기며 평안한 삶을 누리기를 소망하게 될 때 우리 영혼은 하나님과 멀어지게 됩니다. 우리는 우리의 물질을 어떻게 관리해야 할까요?

1. 물질은 쌓아 두라고 있는 것이 아닙니다.

예수님이 말씀하신 어리석은 부자 이야기에서 이상한 점은 무엇입니까? 사실 우리는 대부분 비슷한 생각을 합니다. 한해 소출이 풍성하게 되면 우리는 제일 먼저 이 물질을 어떻게 쌓아 놓을까 하는 고민부터 하게 됩니다. 눈에 보이는 소출이라면 당연히 창고를 더 크게 지을 생각을 할 겁니다. 물질이라면 통장을 더 만들거나 새로운 투자처를 찾아 돌아다니게 될 겁니다. 우리의 마음은 오직 쌓는 데 있습니다. 하지만 주님은 물질의 바른 사용처를 생각하라고 합니다. 우리가 이 땅에서의 삶만을 생각한다면 부자의 생각이 틀린 것은 아닙니다. 하지만 우리에게 죽음 이후 천국에서의 삶이 있다고 생각한다면 달라질 것입니다. 우리는 우리의 소출을 하나님이 기뻐하시는 데 사용해야 합니다. 그렇지 않다면 하나님은 그 재물이 모두 공중에 사라지는 허무한 결과를 보게 하실 것입니다.

말씀 읽기 눅 12:16-18

2. 물질은 나의 평안과 쾌락을 위해 사용해서는 안 됩니다.

우리가 쉽게 생각하는 물질 활용의 기준은 나의 기쁨입니다. 그 금액이 작든 크든 자신이 중심이 됩니다. 만약 얻은 물질의 양이 더 커지면 더욱 더 다른 누구를 위해 사용하려고 하지 않을 것입니다. 쾌락은 얻으면 얻을수록 더 부족해지기 마련입니다. 잠언에서 "거머리에게는 두 딸이 있어 다오 다오 한다(잠 30:15)고 말씀합니다. 아무리 먹어도 배부르지 않다는 의미입니다. 욕심은 이처럼 끝이 없습니다. 우리는 물질을 내가 아닌 하나님을 위해 사용해야 합니다. 나의 쾌락이 아닌 주님의 복음을 위해, 어려운 이웃을 위해 사용하게 될 때 그 물질은 더욱 우리를 풍요롭게 할 것입니다.

말씀 읽기 눅 12:19

3. 하나님께 부요해야 합니다.

우리가 나만을 위해 부요하게 된다면 하나님께서 하신 말씀이 그대로 적용이 될 것입니다. 하나님께서 오늘 밤 우리 영혼을 찾게 된다면 우리가 나를 위해 모은 물질은 어느 순간에 사라져 버리게 될 것입니다. 우리는 하나님께 부요해야 합니다. 하나님께 드리기를 기뻐해야 합니다. 하나님은 우리가 드린 헌신을 잊지 않으십니다. 예수님이 가난한 중에서도 자신의 소유 곧 생활비 전부를 드렸던 과부를 인정하시고 주목하셨던 것처럼 우리를 지켜보십니다(마 12:44). 하나님은 우리 마음을 다해 섬길 때 우리를 인정하시고 높이시며 모든 삶에 풍성함을 허락해 주실 것입니다.

말씀 읽기 눅 12:20-21

생각 나누기

01 우리가 이 땅에 물질을 쌓아 놓게 된다면 어떻게 될까요?

02 우리가 물질을 주님과 이웃을 위해 사용해야 하는 이유는 무엇입니까?

03 우리가 하나님으로 부요하게 될 때 무슨 일이 일어날까요?

Date.

chapter 46

다스리시는 하나님

성경 | 시 103:19(구약 p.877)

찬송 | 288(통204), 419(통478)

마음 열기

1875년 오스트리아의 빈에서 한 위대한 바이올리니스트가 될 아이가 태어났습니다. 아이는 글자보다 악보를 먼저 익힌 음악의 천재였습니다. 아이는 열 살 때 빈 음악원에서 금메달을 받았고, 열두 살 때 로마 대상을 받았습니다. 이 아이의 탁월함은 누구나 인정하는 바가 되었습니다. 그는 성인이 되어 세계적인 바이올리스트로 명성을 날리게 되었는데, 그의 이름인 크라이슬러는 음악을 사랑하는 사람들의 마음에 남게 되었습니다. 그가 이처럼 세계적인 명성을 얻은 후 사람들은 그의 재능을 부러워하고 칭찬하였습니다. 이때 마다 그는 겸손하게 말하였습니다.

"지금의 제가 된 것은 제 능력이 아닌 하나님의 선물이라고 생각합니다. 그렇기 때문에 저는 날마다 하나님을 찬양합니다. 아름답게 노래하는 새들이 그 대가를 요구하는 것을 보셨나요? 저도 마찬가지입니다. 하나님이 주신 이 음악을 제 명예를 위해 사용할 수 없습니다. 저는 하나님을 찬양합니다."

성경은 하나님께서 우리를 위해 행사하시는 특별한 모습을 보여 줍니다. 그중 하늘 보좌에 계시는 모습은 하나님께서 온 천지를 다스리시는 만왕의 왕의 모습을 적나라하게 나타냅니다. 그렇다면 우리는 하나님의 다스리심에 어떻게 반응해야 할까요?

1. 다스리시는 하나님을 바라보아야 합니다.

하나님은 우주 만물을 다스리십니다. 하나님께서 우주 만물을 손안에 두시고 주관하시며 섭리 가운데 인도하신다는 의미입니다. 하나님께서 온 세상 만물을 다스리시는데 우리가 두려워할 이유가 무엇입니까? 하나님께서 역사의 주인이시라는 고백이 우리 안에 있다면 우리는 언제나 담대히 기도하며 우리의 고민을 거침없이 아뢰게 될 것입니다. 오늘 삶이 두렵게 느껴지십니까? 그렇다면 온 우주 만물을 다스리시는 하나님을 바라보아야 할 것입니다. 보좌에 앉으사 우리를 바라보시며 섭리하시는 하나님께서 바로 우리의 아버지가 되십니다. 이와 같은 사실은 우리에게 큰 은혜가 됩니다.

말씀 읽기 시 103:19-22

2. 담대히 하나님께 기도해야 합니다.

시인은 우리가 기도해야 할 이유를 설명합니다. 죄를 사하시고 병을 고쳐 주시며 생명을 파멸에서 속량하시고 인자와 긍휼로 관을 씌우시며 좋은 것으로 만족하게 하신다고 말씀합니다. 그렇습니다. 하나님은 우리의 삶에서 모든 일에 관여하십니다. 하나님께서 우리를 돌보지 않으신다면 우리는 바로 불행한 삶을 살게 될 것입니다. 우리는 하나님 때문에 안전과 평안과 건강을 누릴 수 있습니다. 좋은 것을 주시는 좋으신 하나님, 우리는 자녀로서 더욱 담대히 천지를 다스리시는 하나님께 기도해야 할 것입니다.

말씀 읽기 시 103:2-5

3. 공의를 행하시고 긍휼을 베푸시는 하나님께 감사를 드려야 합니다.

하나님은 공의를 행하시는 분입니다. 하나님은 불의를 용납하지 않으십니다. 죄를 물으시고 그 죗값을 갚게 하십니다. 그렇기 때문에 우리는 공의로운 하나님을 바라보게 됩니다. 하지만 우리는 하나님의 의로움에 도달하지 못합니다. 우리는 언제나 넘어지고 실패하기 때문입니다. 그렇기 때문에 긍휼을 베푸시는 하나님을 바라보게 됩니다.

하나님은 우리를 위해 외아들 예수 그리스도를 보내셔서 우리 죄를 위해 속죄 제물이 되게 하셨습니다. 우리는 그 은혜로 인해 오늘도 하나님의 자녀로 이 땅에서 신앙생활을 하고 있습니다. 우리는 하나님의 은혜와 우리를 위해 죽으신 예수 그리스도를 바라보며 언제나 우리에게 힘을 주시는 성령님의 은혜 가운데 오늘도 승리하는 삶을 살며, 진정한 감사를 드려야 할 것입니다.

말씀 읽기 시 103:6-9

생각 나누기

01 우리가 하나님을 바라보아야 할 이유는 무엇입니까?

02 우리가 담대히 하나님께 기도할 수 있는 이유는 무엇입니까?

03 하나님의 공의와 긍휼에 감사드려야 할 이유는 무엇입니까?
오늘 우리는 하나님께 어떻게 감사를 드려야 할까요?

Date.

chapter 47

세계 선교

성 경 | 막 16:15-20(p.85)

찬 송 | 310(통410), 302(통408)

마음 열기

미얀마에서 눈부신 선교 활약을 한 저드슨 선교사님의 이야기입니다. 저드슨 선교사님은 신학교를 졸업할 당시 어느 큰 교회의 부목사로 초청되었습니다. 친구들과 가족들은 그에게 부러움과 기대에 찬 시선을 보냈습니다. 하지만 해외 선교 꿈을 가지고 있었던 그는 끝내 그 초빙을 거절하고 불교의 나라인 미얀마에 자원하여 선교사로 갔습니다. 이때 여러 사람이 그의 결정을 만류하고 걱정하며 조언을 해 주었습니다. 하지만 그는 그와 같은 말에 개의치 않고 목숨을 바칠 각오로 선교에 뛰어들었습니다. 그곳에서 한 명의 세례 교인을 얻는데 걸린 기간은 6년이었습니다. 그래도 그의 헌신은 식을 줄 몰랐습니다. 선교사님은 꾸준히 전도를 하였고, 그 한 명은 이후 여러 명의 사람이, 그 후 그 사람들이 수백 명이나 되는 기적이 일어났습니다. 선교사님의 사역은 더욱 번성하여 이후 미얀마에는 기독교인이 6만 명이나 되었습니다. 하나님은 주님의 일에 목숨을 건 사람을 사용하십니다.

예수님은 부활하신 후에 열한 제자에게 나타나셔서 "너희는 온 천하에 다니며 만민에게 복음을 전파하라"고 명하셨습니다. 예수님은 왜 이와 같은 명령을 주셨을까요? 이 명령은 무엇일까요?

1. 예수님의 지상 명령입니다.

예수님이 하신 명령은 지상 명령으로 절대적인 복종을 요구하는 말씀입니다. 하지만 문제는 이 명령을 받아야 할 제자들이 두려워 문을 닫고 있던 자들이었다는 데 있습니다. 이런 그들을 향해 주님은 "온 천하"에 다니라고 말씀하셨습니다. 이는 잃은 양을 찾아가는 간절한 심정으로 적극적으로 찾아가라는 의미로 이해할 수 있습니다. 그리고 예수님은 복음을 전파해야 할 대상을 밝히셨습니다. 그것은 "만민"입니다. 즉, 모든 민족입니다. 유대인에게도 헬라인에게도 전파되어야 합니다. 전파 대상에는 어떠한 제한이나 예외가 있을 수 없습니다.

이처럼 복음을 전파한다는 말씀은 예수님의 증인이 되어 예수님을 전한다는 뜻입니다. 이미 믿는 사람이 듣게 된다면 그들은 예수님을 더욱 높일 것이요, 믿지 않는 사람이 듣게 된다면 그들은 이제 구원의 역사 안에 들어가게 될 것입니다.

말씀 읽기 마 28:10-20

2. 복음 전파의 반응과 그 결과입니다.

이제 예수님의 명령에 순종해서, 온 천하에 다니며 만민에게 복음을 전파하면 믿고 세례를 받아 구원을 얻거나 믿지 않아 정죄를 받는 사람이 나타날 것입니다. 여기서 믿고 세례를 받는 사람은 믿음으로 반응하는 자입니다. 이들은 세례를 통해 예수님과 하나가 되고 영생을 소유하게 될 것입니다. 하지만 거절하는 자는 정죄를 받아 멸망하게 될 것입니다. 하나님은 모든 사람이 구원 받기를 원하십니다. 따라서 우리는 모두에게 복음을 전파하여 사람들로 예수님을 믿고 세례를 받아 구원을 얻도록 힘써야 할 것입니다.

말씀 읽기 막 16:16

3. 예수님의 약속입니다.

예수님은 예수님의 명령에 순종하여, 온 천하에 다니며 만만에게 복음을 전파하게 될 때 예수님이 함께 역사하셔서, 그들에게는 표적이 따를 것이라고 말씀하셨습니다. 예수님은 약속하신 성령님을 보내셨고, 그 성령님은 우리와 함께하시면서 권능을 주심으로 표적이 따르게 하셨습니다(행 1:8). 예수님은 예수님의 이름으로 귀신을 쫓아내고, 새 방언을 말하며, 뱀을 집어 올리며, 무슨 독을 마실지라도 해를 받지 않는다고 말씀합니다. 그리고 병든 사람에게 손을 얹으면 나을 것이라 말씀하십니다. 이 모든 표적은 결국 복음을 전할 수 있는 강력한 힘으로 작용하였습니다. 주님은 우리에게 순종을 요구하십니다. 우리는 예수님의 약속을 돌아보아야 합니다. 하늘과 땅의 모든 권세를 가지신 예수님이 항상 우리와 함께하시면서, 성령님의 권능으로 역사하실 것입니다. 날마다 예수님의 충성된 증인이 되어, 예수님의 역사하심을 풍성히 경험하는 우리가 되기를 소망합니다.

말씀 읽기 막 16:17-20

생각 나누기

01 예수님이 지상명령을 주신 이유는 무엇입니까?

02 예수님을 믿고 세례를 받음의 의미는 무엇입니까?

03 복음을 전파하는 자들에게 주신 예수님의 약속은 무엇입니까?

Date.

chapter 48

성도의 사회관

성경 | 고전 5:9-13(p.268)

찬송 | 524(통313), 540(통219)

마음 열기

알렉산더 황제 밑에 동일한 이름을 가진 병사가 있었습니다. 하지만 그는 이름에 걸맞지 않게 방탕하고 타락한 삶을 살고 있었습니다. 그에 관한 소문은 황제에까지 알려졌습니다. 황제는 어느 날 그 병사의 막사에 찾아갔습니다. 그리고 그를 불러 말했습니다.

"자네 이름이 알렉산더인가?"

"그렇습니다."

그의 대답을 들은 황제는 단호하게 말했습니다.

"황제의 명령이네, 자네 이름을 바꾸든지, 아니면 자네의 생활 태도를 바꾸게."

우리는 혹시 그리스도인의 이름에 맞는 생활 태도를 갖고 있습니까? 만약 그렇지 않다면 우리 역시 단호히 결단을 내려야 할 것입니다. 그리스도인으로 살든지, 아니면 버리든지.

우리는 그리스도인으로 이 세상에서 어떻게 살아가야 할까요? 사도 바울은 오늘을 사는 우리 그리스도인에게 그 답을 전하고 있습니다.

1. 우리가 어디에 속해 있는지 생각해야 합니다.

사도 바울은 우리가 영적으로 볼 때 세상에 속해 있지 않다고 말합니다. 그리스도인이라고 세상 밖에서 고립되어 살아갈 필요는 없습니다. 우리는 세상에서 살아가고 있습니다. 그럼에도 잊지 말아야 할 사항은 우리는 하늘에 속한 하나님의 자녀라는 것입니다. 세상은 죄악의 어둠에 속해 있습니다. 죄악이 세상을 운영하는 기초가 됩니다. 사도 바울은 죄악된 세상의 예를 설명합니다. 음행과 탐심, 토색, 우상 숭배 등 수많은 죄가 난무합니다. 그럼에도 우리는 이들과 교제하며 살아야 합니다. 그렇다면 우리는 우리가 속해 있는 소속을 기억하며 살아야 합니다. 우리는 하늘에 속한 자로서 하나님의 뜻에 따라 살아가야 한다는 것입니다. 우리는 이 땅의 빛과 소금으로서 그 역할을 온전히 감당해야 합니다.

말씀 읽기 고전 5:9-10

2. 단절해야 할 대상을 분명히 해야 합니다.

사도 바울은 우리가 세상 속에서 그들과 교제하며 살아가고 있지만 그중에서도 단절해야 할 대상을 분별해야 한다고 말합니다. 사도 바울은 그 예를 이렇게 설명합니다.

"만일 어떤 형제라 일컫는 자가 음행하거나 탐욕을 부리거나 우상 숭배를 하거나 모욕하거나 술 취하거나 속여 빼앗거든"

여기서 중요한 것은 "어떤 형제라 일컫는 자"입니다. 이는 그리스도인이라 칭함을 받는 자를 말합니다. 바로 그리스도인 공동체 안에 들어온 자입니다. 그런데 그가 세상과 똑같이 죄를 짓고 있습니다. 그렇다면 어떻게 해야 할까요? 바울은 단호하게 말합니다. 분별하여 그들과 함께하지 말라고 말입니다. 심지어 너희 중에서 내쫓으라고까지 말합니다. 그렇습니다. 우리는 그리스도인이라 할지라도 분별함으로써 하나님께 영광되는 삶을 함께 살아갈 수 있도록 해야 할 것입니다.

말씀 읽기 고전 5:11-13

3. 세상의 빛과 소금으로 살아가야 합니다.

예수님은 우리를 향해 세상의 소금이요, 빛이라고 말씀하셨습니다. 이것은 우리가 세상에서 수행해야 할 역할을 가리킵니다. 우리는 소금으로서 썩어 가는 세상에 방부제의 역할을 하며, 맛을 잃은 세상에 참 맛을 제공해야 합니다. 또한 빛으로서 어둠을 몰아내고 바른 삶을 살아갈 수 있도록 도와야 합니다. 이것이 우리가 세상에서 수행해야 할 역할입니다. 주님은 우리가 세상에서 있는 듯 없는 듯 살아가라고 말씀하지 않으셨습니다. 따라서 우리는 맛을 잃은 소금이 되지 않도록, 밝음을 잊은 빛이 되지 않도록 주님 안에서 바른 신앙생활을 해야 할 것입니다.

말씀 읽기 마 5:13-15

생각 나누기

01 세상에 살고 있는 우리가 속해 있는 참된 소속지는 어디입니까?

02 우리는 왜 분별하여 교제를 나누어야 합니까?

03 세상을 향한 우리의 역할은 무엇입니까? 이 역할을 위해서 우리는 어떻게 살아야 합니까?

IX

절기

Date.

chapter 49

고난주간과 부활절

성경 | 눅 24:1-7(p.137)

찬송 | 150(통135), 151(통138)

마음 열기

십자군 전쟁 때의 일입니다. 로잘린 부인은 전쟁터에 나간 남편이 전사했다는 소문을 듣고 절망의 나날을 보내고 있었습니다. 어떤 사람이 그 틈을 이용해 남편의 재산을 가로챈 후 로잘린을 마을에서 내쫓았습니다. 그녀는 이곳저곳을 전전하다 어느 조그마한 마을에 안착했습니다. 부활절이 되자 부인은 마을 아이들에게 줄 선물을 준비했습니다.

"얘들아, 너희들의 나무를 하나씩 정하고 나무 밑에 둥지를 만들어 놓으렴. 그러면 그곳에 예쁜 알이 나타나게 될 거야."

로잘린은 둥지에 형형색색의 그림과 "네 이웃을 네 몸과 같이 사랑하라"는 글이 적힌 달걀을 놓아두었습니다. 아이들은 너무 기분 좋게 색 달걀을 받았습니다. 한 아이가 한 손에 선물로 받은 색 달걀을 들고 집으로 돌아가던 중 길가에 쓰러진 부상병을 만났습니다. 부상병은 상처도 심했지만 오랫동안 지쳐 배고픔이 심해 보였습니다. 그래서 아이는 그에게 그 예쁜 색 달걀을 쥐여 주었습니다. 그는 그 달걀에 적힌 글씨와 그림을 보고 깜짝 놀랐습니다.

> "이것은 내 아내 로잘린의 그림이야. 그리고 이것은 우리집 가훈이고."
> 달걀 덕분에 그는 극적으로 아내를 만날 수 있었습니다. 이처럼 죽음의 길에서 돌아온 그가 얻게 된 그 부활절 색 달걀은 이제 사랑의 상징이 되었습니다.

예수님이 십자가에 달려 돌아가신 후 제자들은 큰 절망감을 안고 돌아갔습니다. 사랑하는 예수님이 돌아가셨기 때문입니다. 그들에게 과연 어떤 희망이 있을까요? 이에 반해 예수님과 함께 온 여자들은 계속 따라다니며 무덤의 위치를 파악하고 시신을 어떻게 안치하는지 주의를 기울였습니다. 그것은 예수님 몸에 향품과 향유를 부어야 한다고 생각했기 때문입니다.

이 여인들이 예수님의 부활을 처음 목격한 이유는 무엇입니까? 그녀들을 통해 우리가 깨달을 수 있는 점은 무엇입니까?

1. 주님께로 나아가야 합니다.

여인들은 안식 후 첫날 새벽에 모였습니다. 예수님 시신에 쓸 향품과 향유를 무덤에 갖다 두어야 했기 때문입니다. 하지만 그 시간이 문제였습니다. 아무도 다니지 않는 이른 새벽으로 정했기 때문입니다. 이 시간으로 약속한 이유는 아마도 사람들이 없어 아무도 그녀들의 행동에 제약을 걸지 않을 것이었기 때문입니다. 예수님께로 나아가는 길에 두려움이 없었습니다. 예수님을 사랑하는 마음이 속에서 불타 올랐기 때문입니다. 우리가 주님의 은혜를 풍성히 받기 위해서는 이처럼 어떤 어려움이 있어도 주님께로 나아가려는 굳은 의지가 있어야 합니다.

우리는 어떤 상황에서든지 주님께 나아가기를 소원합니까? 우리가 비록 나아가기 어려운 험한 곳에 있거나 시간을 내기에 어려운 곳에서 일을 하고 있다고 하더라도 주님께 나아가기를 결단하고 나아갈 때 주님은 우리를 먼저 만나 주시고 큰 은혜와 은총을 내려 주실 것입니다.

말씀 읽기 눅 24:1

2. 말씀을 기억해야 합니다.

무덤에 도착한 여인들은 크게 놀랄 수밖에 없었습니다. 무덤 입구를 막고 있던 큰 돌이 굴려 옮겨졌고 그 안에 있어야 할 예수님의 시체가 보이지 않았기 때문입니다. 당황하고 있던 그녀들에게 천사가 나타나 말하였습니다.

"어찌하여 살아 있는 자를 죽은 자 가운데서 찾느냐"

예수님이 다시 살아나셨다는 의미입니다. 그리고 다시 살아나신 예수님에 대해 더욱 큰 확신을 주기 위해 천사는 말합니다.

"너희에게 어떻게 말씀하셨는지를 기억하라"

그렇습니다. 그녀들은 주님께서 하신 말씀을 기억하여 다시 살아나신 예수님을 확신해야 했습니다. 주님의 말씀을 모두 떠올린 그녀들은 그제야 기뻐하며 자신들이 해야 할 일을 위해 움직이기 시작했습니다. 우리는 이처럼 언제나 주님의 말씀을 기억해야 합니다. 주님의 말씀은 결코 잊어서는 안 되는 생명의 말씀입니다. 우리는 이 말씀을 읽고 기억함으로써 주님을 기쁘시게 하는 믿음 생활을 해야 할 것입니다.

말씀 읽기 눅 24:2-6

3. 다른 모든 이에게 알려야 합니다.

다시 살아나시리라고 하신 예수님의 말씀을 기억한 여인들이 뛸듯이 기뻐하며 자신들이 해야 할 일을 수행하였습니다. 그것은 바로 열한 사도와 다른 모든 이에게 소식을 전하는 것이었습니다. 여인들은 고민하지 않고 달려갑니다. 거리가 얼마가 되든지 문제가 되지 않습니다. 새벽의 어두 컴컴한 길도 전혀 문제가 되지 않습니다. 더는 낯선 환경이, 두려움이, 사람들의 편견이 그녀들을 붙잡지 못했습니다.

예수님의 부활 소식은 모두가 알아야 할 가장 중요한 소식이기 때문입니다. 우리는 이처럼 예수님의 부활 소식에 힘을 다해 달려갑니까?

말씀 읽기 눅 24:9

생각 나누기

01 여인들이 안식 후 첫날 새벽에 모인 이유는 무엇입니까?

02 여인들이 기억했던 말씀은 무엇입니까?

03 우리는 부활의 기쁜 소식을 어떻게 알려야 할까요?

Date.

chapter 50

맥추절

성경 | 수 5:11-12(구약 p.326)

찬송 | 496(통260), 589(통308)

마음 열기

독일 재무장관을 지낸 마르티 바덴의 이야기입니다. 그는 젊은 시절 매우 가난했습니다. 어느 날 지방 여행 중 싸구려 여관에 투숙 했는데 다음 날 아침에 일어나 보니 그의 신발이 없었습니다.

그는 분노하여 하나님을 원망했습니다.

"하나님도 무심하시지 나처럼 가난한 사람의 신발을 도둑질하도록 그냥 놔두시다니…"

그의 딱한 사정을 들은 여관 주인은 창고에서 헌 구두를 꺼내 주면서 말했습니다.

"오늘은 주일인데 나와 같이 교회에 가지 않겠습니까?"

그는 마지못해 여관 주인을 따라 교회에 갔습니다. 그런데 그의 옆자리에 두 다리가 없는 사람이 앉아 눈물을 흘리며 찬송하고, 감사의 기도를 드리고 있는 것이 아닙니까? 이 장면을 본 바덴은 혼자 말로 "저 사람은 신발을 잃어버린 정도가 아니라 아예 두 다리를 잃었구나. 저 사람에 비하면 나는 얼마나 복된가? 신발이야 또 사서 신으면 되는 것을…."

이라고 생각하며 조금 전 자신의 행동을 부끄러워하였습니다. 그 후 바덴은 삶의 상황에 따라 감사하는 것이 아닌 삶 그 자체로 감사하는 자가 되었습니다. 후에 그는 독일의 명 재무장관이 되어 국가와 국민에게 크게 봉사하였고 국민으로부터 존경을 받는 인물이 되었습니다.

이스라엘이 요단강을 건넌 날은 역사적으로 잊을 수 없는 가장 감사한 날이 아닐 수 없습니다. 그들은 애굽에서 430년을 체류하며 온갖 노동과 심한 학대를 당하다가 하나님의 은혜로 출애굽을 할 수 있었습니다. 그 후 광야서 40년을 유리하다가 드디어 요단강을 건너게 되었던 것입니다. 이 기쁜 날 그들이 한 일은 무엇이었을까요?

1. 하나님의 구원의 역사를 기념했습니다.

이스라엘은 하나님의 명령으로 돌을 모아 증거로 삼았습니다. 이는 바로 이스라엘이 마른 땅을 밟고 요단을 건넜음을 증거하는 역사적인 기념비가 되었습니다. 이것은 바로 하나님이 직접 베푸신 구원의 역사를 함께 기리기 위함이었습니다. 이스라엘은 앞으로 자녀들에게 대대손손 이어 하나님께서 역사하신 구원의 사건을 들려주고 함께 기념비에 방문함으로써 길이 기억하게 될 것입니다. 우리 역시 맥추감사절을 맞이해서 하나님께서 베푸신 은혜를 기억하고 함께 나누며 하나님을 경외하기를 멈추지 말아야 합니다.

말씀 읽기 수 4:23-24

2. 하나님과의 언약을 재확인했습니다.

이스라엘에게 있어서 요단강을 건넌 사건 이후 가장 큰 일은 언약을 다시 확인하는 것이었습니다. 하나님은 이스라엘에게 할례를 명하셨습니다. 이는 앞서 조상 때부터 하나님과의 언약에 따라 하나님 백성임을 확인하는 의식이었습니다.

문제는 할례를 행하게 되면 며칠 동안 고통에 시달리고 움직이지 못하게 된다는 데 있습니다. 이스라엘이 무사히 요단강을 건넜지만 그들의 주위에는 가나안 사람들이 있었습니다. 그들은 이제 곧 이스라엘과의 전쟁을 앞두고 있기에 민감하게 이스라엘을 바라볼 수밖에 없습니다. 그런 그들이 할례로 고통 중에 있다면 이것보다 좋은 기회는 없을 것입니다. 하지만 하나님은 이스라엘이 다시 하나님과 언약을 맺을 수 있도록 주위 부족들의 마음을 녹이고 정신을 잃게 만들어 버리셨습니다. 인간적으로 볼 때 지금은 할례를 행할 때가 아닙니다. 하지만 영적으로는 지금이 바로 할례를 행할 때입니다. 하나님은 감사드리는 이 기쁜 날 하나님과의 언약을 재확인할 수 있도록 하신 것입니다.

말씀 읽기 수 5:1-9

3. 하나님의 풍성한 은혜를 함께 누렸습니다.

하나님은 유월절 이튿날에 그 땅의 소산물을 먹게 하셨습니다. 그들이 먹은 음식은 무교병과 볶은 곡식이었습니다. 그들은 지난 40년간 광야에서 만나를 먹어 왔습니다. 만나는 우리가 기존에 알던 음식과 달리 하나님께서 새벽에 보내 주시는 음식이었습니다. 처음에 이스라엘 백성은 그 맛에 놀라고 즐거워 하였지만 한 가지 음식만을 계속 먹어야 하니 나중에는 고역으로 여길 정도가 되었었습니다. 그런 그들이 처음으로 무교병과 볶은 곡식을 먹었으니 얼마나 기뻤겠습니다. 그들은 이 기쁜 날 모두가 함께하며 즐겼습니다. 그때 하나님은 지금까지 그들이 먹어야 했던 만나를 중지시키셨습니다. 이제 기쁨의 새로운 시대가 되었던 것입니다.

말씀 읽기 수 5:11-12

생각 나누기

01 요단강을 건넌 이스라엘이 함께 모여 한 일은 무엇입니까?

02 이스라엘이 하나님과 맺었던 계약은 무엇입니까?

03 우리는 맥추감사절에 어떻게 함께 기쁨을 나눌 수 있을까요?

Date.

chapter 51

추수감사절

성경 | 출 34:23(구약 p.136)

찬송 | 588(통307), 589(통308)

마음 열기

잉글랜드 왕실이 청교도를 핍박하자 그들은 신앙의 자유를 찾아 메이플라워호를 타고 대서양을 건넜습니다. 이들은 신대륙에서 새롭게 신앙생활을 할 것을 기대했기 때문입니다. 배를 탄 102명의 청교도들은 어려움을 이겨 내고 끝내 신대륙에 도착하게 되었습니다. 이들은 도착한 그곳에 정착해 살면서 맨 먼저 교회를 지었습니다. 그들에게는 신앙이 가장 우선되었기 때문입니다. 교회를 짓고 하나님께 감격적인 첫 예배를 드렸습니다. 그리고 후대 양성을 위한 학교, 치료를 위한 병원을 지었고, 맨 나중에 자신들의 집을 지었습니다. 그리고 첫 농사를 지어 첫 번째 수확을 얻었을 때 감사의 마음으로 예배를 드렸습니다. 이것이 바로 미국에서 시작된 추수감사절의 시작이 되었습니다. 우리는 추수감사절을 맞이하여 무엇에 감사 드립니까? 하나님은 지금도 감사하는 자를 찾으십니다.

하나님은 이스라엘 백성들에게 세 절기와 그에 따른 의무를 말씀하셨습니다. 하나님은 이스라엘 백성들에게 이 절기들을 어떻게 지키라고 하셨습니까? 그리고 그 의미는 무엇입니까?

1. 무교절(유월절)입니다.

이 날은 하나님께서 출애굽을 통해 이스라엘을 구원해 주신 날을 기념하는 날입니다. 하나님께서는 이날 죽음의 재앙으로 애굽의 모든 장자를 죽였지만 어린 양의 피로 문설주와 인방에 바르고 집 안에 들어가 있는 이스라엘의 장자를 살려 주셨습니다. 따라서 이 날을 지키는 것은 영적으로 흠 없는 어린 양으로 우리를 위해 십자가에서 대속의 죽음을 당하신 예수 그리스도를 상징한다고 할 수 있습니다. 이때 이스라엘은 무교병을 먹음으로써 하나님께 대한 전적인 헌신을 고백했습니다. 오늘날 우리는 성찬식을 통해 우리를 위해 죽으신 주님의 살과 피를 기념하고 우리를 구원하신 그 은혜에 감사드리며 주님과 언제나 동행하기를 소망해야 합니다.

말씀 읽기 출 34:18-20

2. 칠칠절(오순절)입니다.

칠칠절은 보리의 첫 곡식단을 여호와께 드린 날로부터 50일째 되는 날로, 밀의 첫 수확을 하나님께 드리는 날입니다. 이 날은 이스라엘에 노동을 금지하고 하나님께 유교병을 드렸습니다. 영적으로는 풍성한 수확을 주신 하나님께 감사함과 동시에 시내 산에서 율법을 받은 것을 상징합니다. 또한 오순절에 바치는 유교병은 유월절과 달리 그리스도의 보혈로 속죄 받은 회개한 성도들의 몸을 상징하는 것으로 이해됩니다.

말씀 읽기 출 34:22

3. 수장절(장막절)입니다.

수장절은 출애굽 후 40년간 광야에서 보낸 날을 기념하기 위한 날로서, 백성들은 7일간 초막을 짓고 그곳에 거하면서 출애굽 때의 광야 장막 생활을 체험하게 됩니다. 특별히 이날은 영적으로 출애굽 후 40년 광야 생활에서 인도하고 보호해 주신 하나님의 은혜에 감사드리며, 지난 1년 동안 토지 소산과 수확을 주신 것을 감사하게 됩니다. 이날은 오늘날 우리가 드리는 추수 감사절과 가장 유사한 형태의 절기입니다.

말씀 읽기 출 34:22

우리는 이스라엘이 감사절기들을 지켰던 것처럼 하나님께 감사드리는 마음을 가져야 합니다. 특별히 추수감사절을 맞이하여 한 해 동안 주셨던 은혜를 되돌아보며 무엇으로 하나님께 이 감사를 표현

할 수 있을지 고민해야 할 것입니다. 하나님은 오늘도 감사하는 자들을 찾으시며 사랑하십니다.

생각 나누기

01 무교절을 지켜야 하는 의미는 무엇입니까?

02 오순절을 지켜야 하는 의미는 무엇입니까?

03 수장절을 지켜야 하는 의미는 무엇입니까?

04 추수감사절을 맞이하여 하나님께 어떤 감사를 드리기를 원하십니까?

Date.

chapter 52

성탄절

성경 | 마 1:18-21(p.1)

찬송 | 109(통109), 112(통112)

마음 열기

지중해 연안 케일이라는 마을에 한 성자가 살고 있었습니다. 그는 로마의 기독교 박해 때 투옥됐다가 사형 직전 콘스탄틴 대제의 기독교 해방선언으로 풀려났습니다. 그는 고아와 전과자와 창녀와 가난한 어부와 병자들의 친구였습니다. 그는 성탄절이 가까워 오면 한밤중에 선물이 가득 담긴 커다란 자루를 들고 마을을 순회했습니다. 그리고 가난하고 병든 아이가 있는 집을 찾아 남몰래 선물을 나눠주었습니다. 그의 이름은 니콜라스였습니다. 사람들은 숨은 선행의 주인공인 그를 추앙해 '성 니콜라스'라고 불렀습니다. 그리고 '성 니콜라스'의 발음이 변해 '산타클로스'로 바뀌었습니다. 성탄절은 다른 이에게 베푸는 절기요, 화해와 용서와 사랑을 주는 날이기도 합니다. 사랑은 베풀수록 오히려 풍성해집니다. 성탄절은 가까운 사람끼리 모이는 날이 아닙니다. 연약하고 도움이 필요한 자에게 사랑을 베푸는 날입니다.

예수님이 태어나신 성탄절을 생각할 때 마리아의 남편 요셉을 기억하지 않을 수 없습니다. 그는 어떤 사람이었으며 그의 결단이 어떤 영향을 끼쳤을까요?

1. 의로운 사람이었습니다.

성경은 마리아의 남편 요셉을 의로운 사람이라고 평가합니다. 성경에서 의롭다라고 말을 하면 그것은 그가 믿음으로 하나님을 성실히 따르는 자임을 의미합니다. 성경에서 의인으로 인정받은 자는 노아가 있고 아벨이 있습니다. 성경은 이들이 어떻게 믿음으로 하나님을 붙잡고 살았는지, 그 결과가 어떻게 되었는지 보여 줍니다. 이를 볼 때 요셉의 믿음은 하나님께서 인정해 주실 만한 믿음이었음을 알 수 있습니다. 하나님께서 인정하실 만한 믿음을 가진 요셉은 그가 가진 믿음처럼 모든 행동에서 하나님의 인정과 사랑받기에 부족함이 없었습니다.

우리는 하나님께 인정을 받는 믿음의 사람인지 돌아보며 오직 믿음으로 이 험한 세상을 승리할 수 있기를 기도해야 할 것입니다.

말씀 읽기 마 1:18-19

2. 다른 이를 배려할 줄 아는 사람이었습니다.

요셉은 마리아와 정혼한 자였습니다. 당시 결혼은 미리 정혼을 한 이후 결혼식을 올리게 되고 결혼식을 마친 후 첫날밤을 치룰 수 있었습니다. 이런 과정을 지키지 않는다면 주위 친척들과 친구들, 마을 사람들에게 손가락질을 당할 수 있었습니다. 그런데 요셉은 어느 날 정혼한 마리아가 임신했다는 말을 듣게 되었습니다. 만약 그가 자신의 감정대로 마리아를 처분하게 되면, 즉 부정에 따른 이혼을 통보하게 되면 마리아는 결코 밖에 다닐 수 없는 치명적인 피해를 입게 될 것입니다. 그런데 요셉은 마리아의 임신 소식을 듣고도 그녀를 위해 조용히 처리하려고 합니다. 자신이 모든 책임을 떠안으려는 배려심 있는 처신이었던 것입니다.

우리는 모든 일에 앞서 다른 이를 배려하는 마음을 가져야 합니다. 혹여 그 일이 나에게 피해를 가져다 줄 수 있다 하더라도 다른 이에게 큰 해가 되는 일을 막을 수 있다면 기꺼이 자신을 내어 줄 수 있는 마음, 이것이 주님이 요청하신 사랑의 마음이 아닐 수 없습니다.

말씀 읽기 마 1:20

3. 말씀에 순종하는 자였습니다.

하나님은 사자를 보내셔서 요셉의 결단을 막으셨습니다. 그리고 말씀하셨습니다.

"네 아내 마리아 데려오기를 무서워하지 말라 그에게 잉태된 자는 성령으로 된 것이라"

사람이 의심을 하게 되면 끝이 없습니다. 아무리 성령으로 잉태했다고 말한다 하더라도 그가 아니라고 생각하면 끝가지 의심할 수도 있습니다. 하지만 그는 바로 말씀에 순종하였습니다. 자신의 결단을 내려놓고 하나님 말씀에 순종하였습니다. 그리고 말씀하신 대로 그 이름을 예수라고 지었습니다. 그리고 아기가 자라는 동안 이 아기가 백성을 그들의 죄에서 구원할 자임을 기억하며 양육하기에 애를 썼습니다. 우리는 의심을 내려놓고 주의 말씀에 순종해야 합니다. 주님의 역사를 의심하기 시작하면 결국 끝없는 절망에 빠져버리게 될 것입니다. 우리는 오직 순종함으로써 주의 말씀을 따라야 할 것입니다.

말씀 읽기 마 1:21

생각 나누기

01 성경은 요셉을 어떻게 평가합니까?

02 요셉은 어떻게 배려 있는 모습을 보였습니까?

03 요셉이 말씀에 순종할 수 있었던 이유는 무엇입니까?

예수사랑 교재

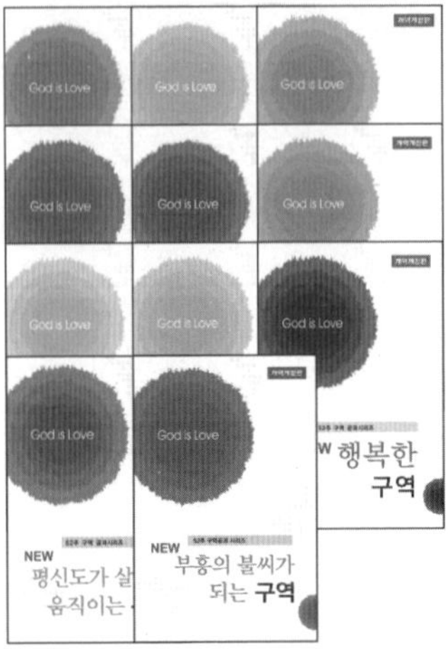

52주 구역공과 시리즈

NEW 행복한 구역
NEW 아름다운 구역
NEW 열매맺는 구역
NEW 전도하는 구역
NEW 은혜로운 구역
NEW 충성하는 구역
NEW 부흥하는 구역
NEW 교회를 세우는 구역
NEW 부흥의 불씨가 되는 구역
NEW 평신도가 살아서 움직이는 구역

자성구 구역공과 시리즈

자기주도적 성장하는 구역(상반기 26주)
자기주도적 성장하는 구역(하반기 26주)

52주 신바람 구역공과 시리즈

제자로 세우는 구역 1, 2, 3, 4